QINGSHAONIAN SHANGHA[illegible]
MEIYITANGKE
DE GUANJIAN

青少年上好每一堂课的关键

余霞 编著

发现和创造新知识的能力是推动现代社会发展的关键。为了实现自我的终身学习和创造活动，我们的重点必须从“学会”走向“会学”，即培养一种创新性学习能力。本书详细阐述了青少年上好每一堂课的关键性和重要性。

中国出版集团
现代出版社

图书在版编目（CIP）数据

青少年上好每一堂课的关键 / 余霞编著. — 北京：现代出版社，2012. 3（2025 年 1 月重印）
ISBN 978 - 7 - 5143 - 0523 - 4

Ⅰ. ①青… Ⅱ. ①余… Ⅲ. ①青少年 - 学习能力 - 能力培养 Ⅳ. ①G442

中国版本图书馆 CIP 数据核字（2012）第 022295 号

青少年上好每一堂课的关键

编　　著	余　霞
责任编辑	张桂玲
出版发行	现代出版社
地　　址	北京市安定门外安华里 504 号
邮政编码	100011
电　　话	010 - 64267325　010 - 64245264（兼传真）
网　　址	www. 1980xd. com
电子信箱	xiandai@ vip. sina. com
印　　刷	三河市人民印务有限公司
开　　本	710mm × 1000mm　1/16
印　　张	13
版　　次	2012 年 3 月第 1 版　2025 年 1 月第 9 次印刷
书　　号	ISBN 978 - 7 - 5143 - 0523 - 4
定　　价	49. 80 元

善学者师逸而功倍（代序）

有这样一则寓言故事：

每天当太阳升起来的时候，非洲大草原上的动物们就活动起来了。狮子妈妈教育自己的小狮子说："孩子，你必须跑得再快一点，再快一点，你要是跑不过最慢的羚羊，你就会活活地饿死。"在另外一个场地上，羚羊妈妈也在教育自己的孩子说："孩子，你必须跑得再快一点，再快一点，如果你不能比跑得最快的狮子还要快，那你就肯定会被它们吃掉。"

动物如此，人也一样。人的一生需要不断进取，如果你不具有持续学习的意识，不积极主动地去改变自己，那么，你必将会被这个时代所淘汰。

我们正身处信息化时代，这无疑对我们在接受、选择、分析、判断、评价、处理信息的能力方面，提出了更高的要求。今天又是一个知识经济的时代，这又要求我们必须紧跟科技发展前沿，不断推陈出新。你将成为一个什么样的人，最终将取决于你对学习的态度。

美国未来学家阿尔文·托夫勒说过："未来的文盲不是不识字的人，而是没有学会怎样学习的人。"罗马俱乐部在《回答未来的挑战》研究报告中指出，学习有两种类型：一种是维持性学习，它的功能在于获得已有的知识、经验，以提高解决当前已经发生问题的能力；另一种是创新性学习，它的功能在于通过学习提高一个人发现、吸收新信息和提出新问题的能力，以处理未来社会日新月异的变化。

要在现代社会竞争中取胜，仅仅抓住眼下时机，适应当前的社会是远远不够的，还必须把握未来发展的时机。因此，发现和创造新知识的能力是引导现代社会发展的关键。为了实现自我目标，我们必须从“学习”走向“学会”，即培养创新性学习能力。

学会怎样学习，比学习什么更重要。学会学习是未来最具价值的能力。“学会学习”，更多的是从学习方法的意义上说的，即有一个“善学”与“不善学”的问题。“不善学，虽勤而功半”；“善学者，师逸而功倍”。善于学习、学习得法与不善于学习、学习不得法会导致两种不同的学习效果。所以，掌握正确的学习方法显得更为重要。

学习的方法林林总总，不胜枚举，本丛书从不同角度对它们进行了阐述。这些方法既有对学习态度上的要求，又有对学习重点的掌握；既有对学习内容的把握，又有对学习习惯的培养；既有对学习时间的安排，又有对学习进度的控制；既有对学习环节的掌控，又有对学习能力的培养等等。本丛书理论结合实际，内容颇具有说服力，方法易学易行，非常适合广大在校学生学习。

掌握了正确的方法，如同登上了学习快车，在学习中就可以融会贯通、举一反三，从而大幅度提高学习效率，在各学科的学习中取得明显的进步。

热切期望广大青少年朋友阅读本丛书后，学习成绩、学习能力都有所提高。

本丛书编委会

目　录

序　章　你为什么坐在课堂上

上课是同学们获取知识的主要途径，它对于大家的学习和成才有着非常重要的作用和意义。因为课堂是青少年最重要的学习场所，课堂学习是学生学习的中心环节。此外，课堂和学校还是培养未来公民的重要场所，是培养秩序感的地方，是青少年朋友成才的起点。

第一节　课堂是青少年获取知识的主要场所

学生时代是人生的黄金时代，在这个阶段里，大家的大部分宝贵光阴都是在课堂上度过的，按每周 5 天，每天上 6 节课计算，一学期 20 周要上 600 节课，这样一年就要上 1200 节课。有些学校还有“培优课”、“辅导课”、“活动课”等，因此实际上课节数可能还要多。一般一堂课只有 45 分钟，短短的时间里，老师要讲的内容可能非常多，它涵盖了大家可能学到的各种知

学习有如母亲一般慈爱，它用纯洁和温柔的欢乐来哺育孩子，如果向它要求额外的报酬，也许就是罪过。

——巴尔扎克

识，从天文地理、艺术人文到为人处世、性格情操，无不与课堂上老师的讲授和言传身教有着密切的关系。

在课堂上，大家不仅要接受大量的现有知识，更要去探究获得知识的方法。作为21世纪教学的课堂，大家更应该以主动探索的精神，去寻找发现知识获得的途径。比如在学习几何图形的周长、面积的计算时，大家除了要掌握求图形的周长、面积的公式，还要在老师的引导和帮助下探究几何图形的周长、面积公式是如何得到的，以及为什么要这样计算等，这是大家发展智力、提高自主学习能力的重要途径。

夸美纽斯说过："知识、德性与虔信的种子是天生在我们身上的。我们不必从外面拿什么东西给一个人，只需把暗藏在身内的固有的东西揭开和揭露出来，并重视每个个别的因素就够了。要把人身上潜在的东西揭露出来变为现实的东西，则必须通过教育。"而课堂则是实施教育的重要途径。作为学生，同学们应该很好地利用好这个场所。裴斯泰洛齐也说过："为人在世，可贵者在于发展，在于发展个人天赋的内在的力量。"同学们在课堂上通过训练，在老师的引导下发展各方面的能力，使书本知识与实际生活联系起来，这是大家迈向人生辉煌的重要一步。

要想实现学习目标，课堂是关键。一般来说，老师都拥有比同学们丰富得多的经验和专业知识，而且常常讲些书本以外的知

书读得越多而不假思索，你就会觉得你知道得很多；而当你读书而思考得越多的时候，你就会越清楚地看到，你知道得还很少。

——伏尔泰

识，包括教给同学们怎样去学习知识和发展自己的能力。没有老师在课堂上的授课和指导，大家学习的困难就会大大增加，甚至学不下去。作为学生，大家一定要抓住课堂这个学习的主要场所，全力配合老师以完成教学的基本任务。

第二节　课堂学习是学习的中心环节

大量的调查研究都表明：课堂学习是学习的中心环节，是同学们学习好坏的关键。凡是学习成绩好的同学，都十分重视这一环节；而成绩差的同学，一个很主要的原因就是没有抓住课堂。老师的职责是传授知识，而接受知识则完全归因于同学们自身。

全日制普通中小学的学生，平均每学期至少要有 600 节课，占全部在校学习时间的 70% ~80%。中小学阶段总共 12 年，加起来就有近 2 万节课。显然，上课是大家学校生活的最主要部分。

有的同学认为，课堂上学不好，回家有家教，补补就行了，长此以往，就会产生依赖心理；也有的学生认为，反正有书本，回家自己看看就行了，这可以说是自己骗自己，即使回家能看，一则多花了时间，再则也不会比认真听老师讲课受益多，所以这

掌握知识不是为了争论不休，不是为了藐视别人，不是为利益、荣誉、权力或者达到某种目的，而是为了用于生活。

——培根

是很不值得的。课堂学习好比人的三顿“正餐”，“正餐”吃不好，再多的补药也没用。

以初中代数、平面几何为例，它们是距今 2000 多年前的古埃及和古希腊数学家欧几里得、阿基米得年代的产物，而高中三角函数、解析几何，则是 17 世纪牛顿时代的产物。一个中学毕业生，只用十几年时间就把人类几千年来的知识学到手，充分说明了课堂学习的高效率。毫无疑问，这样的高效与老师的课堂讲授是分不开的。

有时一节课所讲的内容，可能是一个老师一生研究的成果，无论从深度上还是从广度上，都超过了教材本身。老师通过长期的学习和工作实践，从学生的特点出发，选择最佳的教学方法，再通过反复推敲的语言、表情、手势以及现代化教学手段等，使学生在课堂上很轻松地就能掌握这些知识。老师付出的艰苦劳动，为学生的学习铺平了道路。这种学习效应，是其他任何学习形式都无法比拟的。

如果上课不注意听讲，课后自己独立地去看教科书，很难达到老师讲解的高度。这就是为什么很多同学听同样的老师讲课，课后花同样多的时间复习，但是收获却差别很大的重要原因。

抓住课堂事半功倍，抓不住课堂则事倍功半。

英国的一项研究较为细致地鉴定出成功学生和失败学生之间

真正的读书使瞌睡者醒来，给未定目标者选择适当的目标。正当的书籍指示人以正道，使其避免误入歧途。

——卡耐基

的某些差异。列表如下：

学生类型	成功的学生	失败的学生
平均每周上课时数	27	18
用于规定课程的全部时间百分比	57	49
课堂笔记的充分性（100＝应写出的全部笔记）	64	47
当天整理笔记的学生百分比	21	8

很显然，失败的学生一定是减少了上课的次数，而成绩较好的学生用于课堂上的时间较多，而且精力都集中在系统的课程上，他们的课堂笔记比较完整，并且更喜欢在当天整理笔记。

在美国的某个学院进行的另一项调查，把每个学生缺课时数与其以后的分数作了对照。结果表明，到课情况与所得分数之间成正比关系。与按时上课的学生相比，那些经常缺课的学生获得高分的可能性要低得多。

因此，要想学习好，首先就要抓住课堂。把握住课堂，就等于成功了一半。

第三节 课堂是培养秩序感的地方

课堂是同学们获取知识、探究知识的主要平台，也是同学们全面发展的主要场所。而从国家层面讲，课堂是培养未来公民的

敏而好学，不耻下问。

——孔子

最初摇篮和重要场所。首当其冲的便是，对于青少年秩序感的培养。因为公民社会的秩序，就是从学校和课堂对学生秩序感的启蒙、培养而得以开始建立的。

秩序是通过时空形式所表现出的事物或要素间和谐统一的运动状态，具体表现形态有均衡、比例、对称、节奏、韵律等。秩序感是人的生命对秩序的感受和追求。它是人生命中的基本情感需求，它的满足使人类的生存和发展有了保障，它具有真、善、美价值的基础性、整合性情感，它能够促进人的认知、道德和审美的发展，是培养完美人格的重要教育资源。

南京师范大学朱小蔓教授把秩序感界定为“人们在把握和创造秩序过程中引起了内心诸种心理功能的和谐运动，使得生命结构与之发展同构和契合，从而产生的愉悦、兴奋、舒服的感觉。”我们通常所说的“看不得乱”的体验，正是一种秩序感体验。

青少年儿童的心理发展客观上存在着秩序感的发展。婴儿自出生时起，就带有生命体固有的秩序体验，但这还是一种仅仅来自生命体自身生理需要的低级的秩序体验，比如，肠胃产生饥饿感时，应有食物摄入；膀胱产生压迫感时，必须排尿……当这种秩序感遇到冲突时，往往会伴随强烈的情绪波动。而当成人以自己的方式回应婴儿的啼哭和微笑时，婴儿就获得了源于成人引导的比较高级的秩序感。秩序感的积累到一定水平，使个体的积极

无限相信书籍的力量，是我的教育信仰的真谛之一。

——苏霍姆林斯基

情绪逐步自觉地倾向于有序化行为，从而使秩序感显著地成为一种具有动力特征的情感体验。

随着年龄增长，个体接触周围环境的范围越来越大，儿童在接受周围自然物所呈现的秩序结构之外，人类社会内部生成的社会秩序结构也逐渐被他们片段地察知并内化。特别是在学龄阶段，个体开始广泛接触同龄群体，进行社会交往，通过深入的冲突与磨合，社会秩序感迅速发展，最终在心理的较深层面形成带有社会规范意义的高级秩序感，从而最终完成生命个体的社会化。

中小学阶段是秩序感发展的关键时期，儿童开始走出家庭的小圈子，融入同辈群体，来自成人世界的依赖性心理保护被逐渐撤除，并最终形成初步的独立人格。一方面，通过系统化的学习，个体的认知结构、情感结构发生了深刻的变化，对于隐于周围环境的自然秩序感的认识更趋深刻；更重要的是，通过同辈群体的交往，儿童开始体验到社会性秩序感。他们被平等地信任与尊重，感受到亲密和友谊，开始接受并维护社会规范。而儿童秩序感的发展，对于其整个心智与德行的发展，具有深远的影响。

第四节 课堂是青少年成才的起点

对于老师来说，课堂是实现教学目标中“教”的主要舞台；

书籍——通过心灵观察世界的窗口。住宅里没有书，犹如房间没有窗户。

——威尔逊

而对于同学们来说，课堂则是实现教学目标中“学”的重要平台。课堂是大家接受老师指导、掌握知识的重要途径。能否有效抓住课堂教学，最大化吸收课堂上老师的讲解，将直接关系到大家的知识吸收和能力拓展，并最终影响课堂学习目标的实现。如果课堂学习目标不能实现或者实现的不好，那我们待在教室里就没有任何意义。而课堂学习恰恰是我们青少年学习的中心环节。因此，就像一位取得很好成绩的学长所说，把握住课堂就成功了一半。

有人可能认为，自己比较聪明，不需要进课堂也一样可以学好知识。这种看法初看似乎也有道理，但是细细考察，却经不起验证。古往今来，那些有大成就的人，没有哪一个不是经历严格的课堂学习获取知识后，才迈向成功的征途的。此外，课外看书、课外学习知识固然重要，但课堂所讲的内容都是最基本的知识，应该首先学好。如果课堂知识还没有学好就去“博览群书”，那么所学的知识就会像建立在沙滩上的楼房一样不够牢固。如果在课前自学了一些课本内容，而上课时不认真听讲，那么这些看起来简单的知识也难以真正掌握好。即使之前自学过一些，有一点提前量，但是在课堂上还是需要注意认真听讲。因为自己自学的东西很不系统、不扎实，通过课堂听讲，可以进一步加深理解，纠正自己的错误概念。即使自己对这个问题弄得比较清楚

知识是珍贵宝石的结晶，文化是宝石放出的光泽。

——泰戈尔

了，也可以通过听讲，学习到老师分析问题和解决问题的方法。当然，对于没有预先自学过的内容，就更应该认真听讲了。

另一个方面，为了培养未来的主人翁和降低青少年犯罪率，绝大部分国家和家庭都要求把五六岁至十六七岁间的青少年送往学校和课堂读书学习。如此一来，课堂将是青少年成才注定的起点。在这个共同的起点上，学习的好，就能成才；学习的足够好，就能成大才。你准备好了吗？

与其用华丽的外衣装饰自己，不如用知识武装自己。

——马克思

第一章　做好准备去上课

新课程改革提出了新的教学理念，过去那种传统的学习模式亟须改变。面对这种情形，同学们必须提高认识，做出调整，在新的要求下以新的策略来迎接新的课堂，成为课堂学习的主人。

第一节　不打无准备之仗

在法国的一个农场里，有一天半夜时分，突然狂风大作，闪电惊雷一个接一个。

农场主从睡梦中醒来，使劲敲打墙壁：隔壁睡着他雇用的唯一一个工人。

农场主养了上千只鸡鸭、几百头牛马，还有刚刚打下的几十囤粮食，这么大的风雨一定会给他带来巨大的损失。他迫切地想叫醒那个工人，但是，农场主敲了足有20分钟，并没有回音，甚至还听到了那个工人香甜的鼾声！

读书是易事，思索是难事，但两者缺一，便全无用处。

——富兰克林

农场主看着窗外的瓢泼大雨，心疼得都要哭了！他愤愤地想：好啊，明天我一定要把你解雇，在如此危急的时候，你竟然还能睡得这么安稳?!

农场主一夜没合眼。

直到第二天清晨，风停了，雨歇了，他心急火燎地跑出去一看，只见鸡舍、马棚和粮囤都盖着厚厚的塑料布，下水道处顺畅地流淌着积水。其他一切该准备的，那个工人都在睡觉前准备好了！

这时，工人睡眼惺忪地走过来问他有什么事，农场主高兴地拍着他的肩膀说："我要给您加薪！"

俗话说"不打无准备之仗"，充分精心的准备是成功的坚实保障，听课也是如此。在听课的过程中，做好充分的准备工作是非常重要的，它对于提高听课效果有着不可忽视的积极意义。

所谓听课的准备工作，大体来说有四点，即心理准备、生理准备、物质准备、知识准备。

1. 心理准备。

上课要有良好的心理准备，这是一条被许多同学忽视的十分重要的准备。同学们只有在目的非常明确、心情非常愉快的情况下，才能充分发挥自己的学习潜能，提高学习效果。这就要求大家要对每一位老师的每一门课感兴趣，要有强烈的求知欲望。不

不读书的人，思想就会停止。

——狄德罗

论每一堂课所学内容是复杂还是简单，是难还是易，是多还是少，都应充满信心、认真对待。课前要调整好自己的情绪，保持最佳心理状态。有的同学对上课有一种消极的厌烦情绪，一上课心里就烦，觉得没意思，总盼着快点下课。这样的同学应提高对课堂学习的认识，调整好自己的心理状态，保持一种渴求的心情，盼望从课上能学到更多的知识。有了这样的身心准备，才能进入理想的精神状态，提高听课效果。

2. 生理准备。

上课学习，是一项艰苦的劳动，它需要同学们有充沛旺盛的精力和健康的体力，为了做好身体上的准备，要求大家必须做到两点：一是要有充足的睡眠，二是要注意课间休息。

充足的睡眠是精力充沛的保障。不同年龄的人需要不同的睡眠时间。一般来说，3~4 岁的儿童每天需要睡 12 个小时，4~7 岁的学生每天需要睡 11 个小时；7 岁后的学生每天大约需要睡 10 个小时；成年人则需要睡 7~9 个小时。对于在校学习的学生来讲，按时作息、保证睡眠的时间和质量是非常重要的。

另外，课间活动的时间要合理利用。课间休息得好不好，与听课有直接的关系。同学们在课堂上听课，是紧张艰苦的脑力劳动，一节课下来，大脑神经细胞消耗了大量的氧气和养料，如补偿不足，就会感到头昏、疲劳，使观察力、注意力、记忆力和思

读书不要贪多，而是要多加思索，这样的读书使我获益不少。

——卢梭

维力减退。有的同学利用课间赶作业；有的在课间讨论问题，争得面红耳赤、不可开交；有的则在课间讨论或看武侠小说、武侠人物；还有的讨论上网、交友。部分学生喜欢运动，课间打篮球、乒乓球，甚至踢球。所有这些活动所引起的兴奋波动，不会因为上课铃响而立刻平静下来，上课后很长时间都难以专心，听课效果可想而知。所以，课间 10 分钟，最好走出教室，到外面呼吸点新鲜空气或散散步，也可参加点轻微的体育活动。通过积极的休息，解除大脑疲劳，恢复大脑神经细胞的生理功能，为下节课精力充沛、头脑清醒地学习做准备，避免在大脑中形成干扰上课的“兴奋点”。

3. 物质准备。

老师在讲课的时候，往往是根据课本的内容来讲解的。另外，同学们在具体的听课过程中，对于一些重要的内容还将记录下来。有时，老师讲解需要一定的学习用具相配合。因此，大家在做听课的准备工作时，应该准备好一堂课可能要用到的书、笔、笔记本、试卷、练习本以及其他学习用具。只有做好了各种准备，进入积极的学习状态才会快一些，学习效果也才会好一些。如果准备不充分，就会造成忙乱而影响听课。

学习用具要准备齐全。上课前只把与所讲科目有关的书本放到桌面上，其他书本则放在书包里或桌子下面，以免分散听课的

经验丰富的人读书用两只眼睛，一只眼睛看到纸面上的话，另一眼睛看到纸的背面。

——歌德

注意力。

4. 知识准备。

知识上的准备主要是对新课涉及的有关书籍、知识的复杂准备与新知识的预习准备。课前对上一节课的内容要有所了解，以便自然衔接新内容；对新知识也应有所预习，带着目的、疑问听课，针对性越强，效果就会越好。

孔子曰："温故而知新。"上课要接受新知识但也要温习旧知识。每一门学科都有严密的知识体系，尤其是像数学这样逻辑性极强的学科。前面的知识没有掌握，后面的知识就难以理解。所以，上课前一定要复习好旧课。复习的过程，是一种旧知识的温习过程、准备过程，也是由旧知识向新知识过渡的过程，即温旧纳新的过程。学习某种新知识，要运用哪些旧知识，联系哪些旧知识，哪些要做到重点准备，都要做到心中有数。只有这样，才能在听课中把新知识纳入旧知识体系之中，形成崭新的知识结构。

同时，上课前要通过对新课的预习，了解新旧知识的联系，明确新课的学习要求。通过预习了解自己是否掌握听新课需要的知识，如果发现自己还不具备这种知识基础，便要在听课之前及时补上。这样可以保证在教师讲新课的时候听得懂。对新知识的预习应注意抓住难点，明确听课重点，在预习中发现自己的疑难

读一本好书，就是和许多高尚的人谈话。

——歌德

问题。只有带着问题听老师讲课，才能对新知识印象深刻，理解透彻，记忆牢靠。

第二节　带着问题进课堂

1981 年，清华大学举行出国研究生考试，夺魁者 6 门科目（共 600 分）总分突破 500 分，外语成绩超过了清华大学本校的外语尖子生，获得留美研究生资格。

他叫范明顺，武汉电子学院的学生，当时 21 岁。他不是专家、教授的后代，是一名土生土长的农村娃。在入大学的摸底考试中，他的外语成绩为 0 分，其余科目成绩也不理想，他是怎样取得惊人进步的呢？主要经验之一就是他总是主动地带着问题听课。

学贵有思，而疑问则是开启智慧之门的金钥匙。

一节课 45 分钟，一天至少会有 6 节课，如果要求同学们每分钟都全神贯注地听老师讲课，这显然是不太现实的。因此，大家要在上课前做好准备，带着问题在课堂上听课。

问题来自于哪里呢？

来自于课前的预习。

预习可以增强听课的目的性和针对性。通过预习，可以初步

游手好闲地学习，并不比学习游手好闲好。

——约翰·贝勒斯

了解新课的基本内容，找到重点、难点和疑点。这样，对于预习看得懂的知识，上课听讲时就着重研究老师讲课的思路，学习老师分析问题、解决问题的方法，找到掌握知识、解决问题的最佳途径；对于预习中不理解的问题，就可以集中精力听讲。

例如，在预习重力时，对于如何确定物体的重心感到困惑，因此在听课时就应该高度集中注意力，看老师是如何详细讲解。一旦突破了这个难点，那么余下的问题就迎刃而解了。

为了使大家在听课时重心更明确，听讲的效果更好，在预习的过程中需要注意以下几个问题：

1. 预习时要读、思、问、记同步进行。对课本内容能看懂多少就算多少，不必求全理解，疑难也不必深钻，只需顺手用笔做出不同符号的标记，把没有读懂的问题记下来，作为听课的重点。但对牵涉到已学过的知识以及估计老师讲不到的小问题，自己则一定要搞懂，以消灭“拦路虎”。

2. 预习应在当天作业做完之后再进行。时间多，就多预习几门，钻得深一点；反之，就少预习几门，钻得浅一点。切不可以每天学习任务还未完成就忙着预习，打乱了正常的学习秩序。

3. 有些学习较差的同学，课前不预习，上课听不懂，课后还需花大量的时间去补缺和做作业，整天忙得晕头转向，挤不出一点时间去预习。其实，这种同学学习差的根本原因就在不预习

书籍是造就灵魂的工具。

——雨果

上。学习由预习、上课、整理复习、作业四个环节组成，缺了预习这个环节就会影响下面环节的顺利运转。这些同学必须作好在短期内要多吃点苦的思想准备，在完成每天的学习任务后，要安排一定的时间进行预习。这样做虽然费了时间，但上课能听抓住重点听懂更多的东西，减少了因上课听不懂而浪费的时间，同时，还可以减少花在课后整理、消化、作业上的时间。时间一长，运转正常了，学习的被动局面也就会改变，就再也不需加班加点了。

课前做好预习，带着问题走进课堂，会让你的学习变得轻松而高效，简单而快乐，在知识的天空里自由翱翔，奋翅高飞。

还等什么呢？马上开始尝试一下吧！

第三节 提高认识去听讲

吴博威是2007年南京市中考第一名，他来自高淳县德圣中学，中考10门学科总分为720分，他获得703分。

“这个孩子学习能力在学校并不是最强的，最大特点就是上课时从没有一分钟开小差。”吴博威的班主任刘小连这样评价自己的得意弟子。吴博威也说，自己平时在年级只能排到十几名，参加全国英语竞赛和省数学竞赛也没获过什么大奖，在班上也不

书籍是全世界的营养品。生活里没有书籍，就好像没有阳光；智慧里没有书籍，就好像鸟儿没有翅膀。

——莎士比亚

是学习最刻苦的；不过，他认为课堂45分钟的效率最为重要，课后再怎么用功都比不上课上认真听讲。

听讲，是同学们课堂学习的关键，它对同学们的学习有着非同寻常的重要性。

1. 课堂听讲占据着一天中最重要的一段时间，即早饭以后的整个上午和下午4点前。这段时间是人注意力最集中、脑功能最活跃、学习效果最好的时间，因此大家必须有效地利用这段黄金时间。

2. 课堂听讲的效果对学习成绩影响很大。在课堂上，同学们不仅可以听到老师对知识的精心讲解，而且还可学到老师分析问题、解决问题的方法，并能通过课堂练习，使所学知识得到巩固。可以说，课堂听讲效率的高低，直接影响到大家学习成绩的优劣。

3. 课堂听讲可以磨炼意志，培养良好的学习习惯。搞好课堂听讲，注意力必须持久集中，脑功能必须持久启动。如果因为某件不悦之事有所分心，或因休息不充分有所困倦，注意力就会分散，脑功能就会受到影响，从而降低学习效率。要提高课堂听讲的效率，就必须时时注意磨炼意志，用坚韧不拔的毅力去战胜惰性。

那么，大家怎样才能提高对听讲的认识呢？

一个爱书的人，他必定不至于缺少一个忠实的朋友，一个良好的老师，一个可爱的伴侣，一个温情的安慰者。

——巴罗

1. 要认识到听讲的重要性。

课堂教学是老师传授知识、解难释疑、培养能力的主要阵地，同时也是同学们获取正确信息、匡正错误、提高能力的主要渠道。离开这个主要渠道谈学习，则无异于缘木求鱼。老师在课堂上的分析讲解、启发点拨，不管是内容的连续性、生动性，还是方法的系统性、灵活性，都比课后老师或家长的辅导要详细得多，更是同学们自己看书学习远远不能比拟的。因此，听讲在同学们的学习活动中具有不可替代的重要作用。只有首先认识到这一点，才有可能从思想上端正态度，从而积极认真地去听课。

2. 要认识到听课的长期性。

小学 6 年，中学 6 年，同学们至少要听 14400 多节课。大家到学校学习的目的就是接受思想教育、学习各科知识、锻炼各种能力，因此要有耐心听好每一节课，不能因为自己对这门课兴趣不大或者对老师不是很满意而随随便便地听，更不能抱着“反正一学期的课那么多，一两节课漏掉了也没什么”的想法而随意地在课堂上开小差，注意力分散。

课堂学习的整个过程就像盖一座楼房，组成整体的任何一块砖瓦在构成整体的完整性上都是不可或缺的，少了任何一个部分，整体最终都无法建构起来，或者说是不稳固的。也许恰恰就是你在课堂上忽视的那一两个知识点，导致了对后面章节内容学

人的影响短暂而微弱，书的影响则广泛而深远。

——普希金

习的困难，这在学习数学、物理、化学、生物等学科上显得尤为明显。

3. 要认识到课堂知识的浓缩性。

从学习学科知识的角度讲，同学们上课的主要任务是在老师的引导下继承人类的宝贵知识财富，并在这个过程中锻炼观察能力、动手能力、听说能力、思维能力、综合分析能力、运用知识解决实际问题的能力等。老师传授的知识，一般都是人类长期实践总结的产物，是人类智慧的结晶。老师讲一节课的内容，可能是一代或几代科学家研究的成果，前后的跨度非常大，每一个信息点往往都是浓缩了的精华，其中包含着老师对一系列问题的概括与提炼。因此，只有抓住课堂上的每一分钟，集中注意力听好老师每一分钟的讲课，才能提高学习效率，在有限的时间里获得最大的收获。

从老师来看，一个受过专门师范教育的老师，每一堂课也浓缩了教师的“人生精华”。可以说，在老师的指导下，同学们走的是一条最近最直的认识道路。抓住了课堂学习，学习效率就能成倍提高。

许多同学错误地认为，老师依照课本传授知识，讲的内容都在课本里，听不听都无所谓，只要下课再看看书就行了。其实，任何一个老师讲课时都不会照本宣科，一堂课只有 45 分钟，但

读书使人心明眼亮。

——伏尔泰

要把几十年、几百年、几千年积累下来的知识教给学生，并不是一件容易的事情，老师花了许多精力、时间来备课，就是要用最精练、最浅白的语言，快速地把大家引入门。

一个同学如果不会听课或听课效率不高，那么学习可能会事倍功半或徒劳无功，即使在课下花数倍于课堂的时间，也不一定能弥补课堂上的损失；相反，如果抓住了宝贵的课堂时间，集中精力听好了课，那么学习起来就会比前面的那类同学轻松许多，既掌握了老师讲授的知识，又节省了学习时间，可以说是一举两得。

短短的45分钟，却是老师长期学习和实践的结晶，甚至凝聚着历代老师的心血乃至生命。因此，大家应该从提高生命含金量的高度来认识每堂课，听好每堂课。

第四节　成为课堂学习的主人

为了适应社会发展，科技进步，我国急需要高素质的劳动者，而劳动者的素质主要取决于教育。为此，我国进行了新一轮的基础课程改革，并颁发了《基础教育课程改革指导纲要》。《基础教育课程改革指导纲要》把“以学生发展为本”作为新课程的基本理念，提出“改变过于强调接受学习、死记硬背、

读书之法，在循序而渐进，熟读而精思。

——朱熹

机械训练的现状，倡导学生主动参与、乐于研究、勤于动手”，“大力推进信息技术在教学过程中普遍应用，逐步实现教学内容的呈现方式、学生的学习方式，以及教学过程中师生互动方式的变革”。新课程指导纲要突破了以往历次教学改革的模式，从变革老师教的方式转为变革学生学的方式。

改变学生学的方式，就是要转变目前同学们总是被动、单一的学习方式，让同学们成为学习的主人，培养大家的创新意识和实践能力。这就需要提倡自主、实践、探索、合作的学习方式。

新课改呼唤新课堂，实施新课程必须更新课堂教学。

新课程究竟需要什么样的新课堂呢？

1. 以同学们为主体的课堂。

新课堂首先是学生的，同学们要改变脑海中习惯了的固有的课堂模式，改变心目中“课堂里必须安静听讲”，“仔细记学习笔记”的传统模式，在老师开课前便明白新旧课程的区别，了解新课堂模式，新教学模式，新学习方式和新课程的作业模式，能理解老师在课堂上的教学情境和设计意图，从而进行有效的思维，积极参与到课堂教学中来。

在新课堂上，同学们应该自主学习，改变原课堂中老师是知识、问题以及结果的先知，老师教什么，大家就学什么，老师怎么教，大家就怎么学，大家只需要把老师讲的每一句话都记住，

路漫漫其修道远，吾将上下而求索。

——屈原

然后经过反复地做题、模仿，进而掌握知识的旧模式，使自己真正成为课堂的主体。

2. 充溢着生命活力的课堂。

在课堂上，同学们要充分调动起学习的情趣，积极营造和谐的学习氛围，想学、要学、乐学，充分激发学习的欲望，引发学习的兴趣，点燃思维的火花，尽可能积极主动地去提出问题，相互讨论、合作，并在实验中论证所得结论。

3. 促进同学们全面发展的课堂。

新课程改革的核心理念就是“一切为了每一位学生的发展”，它包括智力的发展、能力的发展、思维的发展、思想品行的发展等多方面。因此，同学们要着眼于自己的终身发展，在老师的引导下攀登知识的高峰、情感的高峰、思维的高峰、人格的高峰。

4. 开放性的课堂。

开放是新课程理念之一，也是新课改的一大特色。任何封闭、落后的教育观念都不利于学生健康成长。中华文明光辉灿烂，博大精深，大家要积极与家庭、社会、学校沟通，善于融合中外文化之精髓，进行各学科知识的渗透、融通和整合性学习。

5. 探究性课堂。

课堂是同学们学习的主要阵地，是大家获取知识的主要场所。因而，大家在课堂上要充分调动起学习的主动性，在老师的

书到用时方恨少，事非经过不知难。

——陆游

引导下进行自主、合作、探究性学习。

“思考即是想”，只有自己动脑筋去想才能真正理解所学知识，促进思维的发展。同学们应根据老师提出的问题和创设问题的情景去思考、动手，充分感知所学内容；要有问题意识，探求解决问题的方法，形成自己解决问题的独立见解和创新能力。另外，大家在上课时要敢于表达出自己的不同观点，并就此在课堂上演说，发表自己的看法、见解；就某一方面的疑问展开讨论、争辩，使课堂充溢着浓浓的探究气氛。

新课堂以同学们的发展为本，同学们的角色要从被动接受者转变成主动参与者、探究者，学习方式也要从被动接受转变成积极探究、相互合作，成为真正意义上的学习者。

第五节　集中精力，高效上课

一位学习成绩非常优秀的同学在谈到自己的成功经验时说：“许多人相信题海战术，以为做遍天下题，就能笃定应付考试。我却认为这样反而违背了学习知识的本意。其实，学习的关键是理解，只要做到每一堂课真正掌握老师教授的内容，不欠账，就能学好功课。每堂课的45分钟我都是集中全部注意力，做到‘五到’。高效率地听和思考，往往当堂就能理解并掌握所学的内容。”

立身以立学为先，立学以读书为本。

——朱熹

新课堂要求学生主动积极，全面发展，培养创新意识和实践能力。因此，同学们在课堂上需要改变以往那种“纯听”的做法，而应调动全身多种感官一起参与到听课中来，“面面俱到”。只有这样，听课的效果才会更好，大家的能力也才能发展得更充分。

许多学习优秀的同学在介绍自己的学习经验时，都曾谈到过用“五到”的方法去听课。那么，这“五到”究竟是什么呢？

“五到”，即：耳到、眼到、口到、心到、手到。

1. 耳到

耳到即耳听。注意听老师的讲授，听同学的回答，听大家的讨论，听老师的答疑。认真听讲是听课中的重中之重，做到聚精会神地听是实现高效课堂学习的重要环节，任何一种高效学习都是借助听来实现的。

2. 眼到

眼到即眼看。认真看教材，看必要的参考资料，看老师的表情、手势以及板书、实验演示，还可以看优秀同学的反应等。老师的板书是一节课的主要内容和重点、难点知识的推导过程和最后结论，是注意点的浓缩。因此，大家要仔细看老师的板书，必要时还要记下来。内容较多时，对板书还要及时看，以免被老师擦掉。课堂上必须注意同学在黑板上的解题板演，看看同学的解

三人行，必有我师焉。择其善者而从之，其不善者而改之。

——孔子

题步骤、方法、结果是否和自己的相同以及有何优缺点。

3. 口到

口到即口说。复述老师讲述的重点，背诵重要的概念、定理，大声朗诵老师指定的段落，大胆提问，大胆回答老师的提问。

善于提问是听好课的又一个关键，陶行知先生曾说过：“发明千千万，起点是一问。禽兽不如人，过在不会问。智者问得巧，愚者问得笨。人力胜天工，只在每事问。”同学们在课堂上要敢于问，敢于发表自己的见解，在此过程中暴露出自己的问题，以求能够得到及时解决。

4. 心到

心到即动脑筋。对接触到的知识进行积极思考。在课堂上听老师讲解学习内容，“用心”听是十分重要的。听课过程中，思维活动一定要跟上老师的节奏。

5. 手到

手到即手写。写老师讲授的重点，抄写有价值的板书。听课时要边听边在教材上圈圈点点，顺便记录一下自己的感想，划出重点、难点。

心理学家做过一个实验，让三组学生用三种不同方式记忆10张动画片，结果单纯视觉记忆保持效果为70%，单纯以听觉记忆保持效果为60%，以视听结合方式记忆保持效果为86.3%。可

知之者不如好之者，好之者不如乐之者。

——孔子

见，各种感官参与的记忆比单一感官参与的记忆效果要强得多。

经过进一步研究，心理学家得出了一条基本原理：在学习活动中，多种感官参与的学习效果明显优于单一感官参与的学习效果，同时多种感官的参与还有利于人的心情舒畅，有利于减轻学习压力对人的身体的影响。另外，脑科学的研究结果也证实：多种感官参与学习活动，可刺激大脑皮层并增强大脑皮层的暂时联系，激发兴趣，加强理解和记忆。

“五到”是一种综合运用各种感官，调动全身感觉系统来投入课堂的听课方法。它要求听课者全神贯注，多种感觉器官并用，多种身体部位参与，根据课堂情境和老师的要求适时地调整听课方法。这种方法不仅符合新课堂的要求，而且效果也非常的好。

业精于勤，荒于嬉；行成于思，毁于随。

——韩愈

第二章　怎样听讲才有效

听讲是课堂学习的关键和核心。那么，同学们在课堂上应该怎样听讲呢？又该听些什么？如何在听讲过程中养成好的习惯以及克服一些不好的毛病？要想在听讲中取得好的效果，这些都是需要首先弄明白的问题。

第一节　上课听讲听什么

进入中学后，小刚一直感到很苦恼。老师在差不多每节课的课堂上都要讲很多东西，认真听吧，老师讲的许多话都和课堂上学习的知识点无关，而且一整节课听下来让他感到非常疲劳；不认真听，每节课又有那么多的内容，有时候稍一分心就错过了老师对重、难点的分析和讲解，以致课后费了好大力气才把它们弄明白。听还是不听，听什么？这让他非常困惑。

一节课45分钟，老师在课堂上至少要讲上百句话，要求大家一字不漏地把它们全都听进去显然是不太现实的；可是，如果

书籍的使命是帮助人们认识生活，而不是代替思想对生活的认识。

——科尔查克

抱着随便的态度去听，又会像小刚那样错过重难点，导致课下不得不花费数倍于课堂的时间和精力去弥补。显然，大家在课堂上既难以做到全听，也不能随随便便地听，而必须要有所选择地去听。

那么，同学们在课堂上究竟应该听什么呢？

1. 听要点

老师在一节课上可能讲了几百句话，但并非每句话都那么重要，其中有许多话只是起连接贯穿或者引导作用的，还有一些是临时的插曲，比如提醒打瞌睡的同学或者表扬在课上表现优秀的同学。真正在课堂上成为重点的，是他们在备课中准备的讲课大纲。课堂讲授就是围绕着大纲来进行的。这就要求大家在听课时要抓住这个纲要，努力听懂并理解它。

例如在学习物理课“力的三要素”这一节时，老师对力的三要素——大小、方向、作用点的阐述就是当堂的要点，同学们在听这三部分的内容时就应该格外注意，不放过任何一个关节。把这三点全部掌握了，那么这节课的要点也就自然吸收进来了。

2. 听思路

同学们在学校里不仅要学习一个个的知识点，更主要的是学习老师分析问题、解决问题的方法，从中培养和形成自己独立解决问题的能力。因此，上课听讲除了听老师讲解知识点外，更重

好书有不朽的能力，它是人类活动最丰硕长久的果实。

——史美尔斯

要的是要听他分析和解决问题的思路，从而使自己获得启发。

曾经有一位中考状元，课堂上，老师讲解的题目有很多都是他已经掌握的，但他却并没有因为自己是优等生就轻视它们。“关键是听思路，可能你觉得这个题我会做，那就要思考它背后的思路是什么，这种解题的思路在其他类型的题目里有没有出现?”在听课过程中，优秀的同学注意的应该是方法上的探索，而不是单纯地看一个个步骤和最终的结果。

学会听思路，对今后的进一步学习也是非常重要的。它可以提高同学们通过“听”接受外界信息的能力，还可以锻炼科学的、灵活的思维能力。这样大家在以后的学习中就会越学越明白，越学越会学。

3. 听问题

学生不是“录音机”，不能老师讲什么就听什么。在老师讲课的过程中，同学们要学会带着分析的观点、批判的观点、质疑的观点去听。要善于主动去发现老师讲课过程中的“问题”。

有些问题大家在预习时就已经发现，只是当时没有搞明白，听讲的时候就应该注意这些地方的来龙去脉，通过老师的讲解把它搞懂；有些问题是大家在听课时新发现的，要注意老师和课本中怎么解释；有些问题虽然注意到了，但老师在讲课中一带而过，并没有予以详细的解答，这就要求大家及时地把它们记下

书籍是人类知识的总结。

——莎士比亚

来，等有机会再搞清楚。

此外，由于受老师的讲课水平、备课充分程度等因素的限制，也可能在讲课过程中新出现一些问题，这也需要同学们自己能够“听”出来，通过看书或与同学、老师的交流而获得解决。

总之，要带着问题听，要听出问题来，这样才能不断取得更好的听课效果。

本节关键：听要点；听思路；听问题。
自我反思：我在课上都听到了什么？
我要行动：从今天开始，我要抓住听课的重点，提高听课质量。

第二节　怎样才能听好课

课堂学习是同学们学习基础知识、形成技能技巧、发展智力的主要途径，听课，是课堂学习的中心环节。听课质量直接影响着学习质量，而听课的质量，又取决于会不会听课，或者说是否善于听课。

那么，怎样才能在有限的课堂时间内听好课呢？

1. 要有积极主动的听课态度。要怀着强烈的求知欲和浓厚的

书籍帮助我从一片烂泥塘里站了起来，如果没有书的帮助，我会被愚蠢和下流淹死。

——高尔基

学习兴趣去听课，把在课堂上听课视为在老师引导下步入知识宝库寻宝的过程，要相信每节课都能学到有用的知识。

2. 要保持注意力的高度集中。据国外的心理学专家统计，6～10 岁的小学生注意力可以稳定 20 分钟，10～12 岁的小学生注意力可以稳定 25 分钟，13～15 岁的初中生注意力可以稳定 30 分钟，15～18 岁的高中生注意力可以稳定 40 分钟。但是，从目前大多数学校的情况看，不少同学注意力的稳定性水平并没有达到这个标准，上课时分心、走神的现象比较普遍。有些同学进课堂后，需要几分钟的时间才能平静下来，特别是课间时间过于兴奋或剧烈运动的同学，往往人坐在座位上还气喘吁吁，老师讲了半天，他还未进入角色，一堂课的好几分钟就这么耽误了。

在上课过程中，如果思想开小差，老师讲解最关键的地方没有听进去，那一段知识在记忆中就是一片空白。这不仅影响了课堂上的学习效率，更为后面相关知识的学习设置了潜在的障碍。因此，在老师走上讲台开始讲课后，大家应立即专心致志、聚精会神地听课，做到目不斜视，耳不旁听，把与学习无关的思想统统排除在大脑之外，只有这样，才能做到听得最准、看得最清、记得最牢、想得最深。

3. 要学会带着问题听课，力争当堂弄懂。同学们在听课的同时，要开动脑筋，积极思考，与老师进行思想对话，使自己的思

各种各样的蠢事，在每天阅读好书的作用下，仿佛烤在火上的纸一样渐渐燃尽。

——雨果

路紧紧跟着老师讲课的思路走。要注意把握知识的来龙去脉和“系统”线索，在思想上始终保持向老师提问的倾向。听课时，不放过任何一个疑点，听不懂或不十分明白的地方应及时向老师请教，尽量不要把问题带到课后，以免占用其他的学习时间。

4. 要善于抓住重点。一堂课45分钟，但老师讲课的精华往往只集中在其中20分钟左右的讲解里，因此大家要学会抓住听课的重点。首先，应根据课前预习的情况，重点听自己预习时没弄懂的部分，争取通过老师的讲解，把疑难点解决。其次，要抓住老师讲课内容的重点，抓住关键的字、词、句，注意老师如何导入新课，如何小结，抓住老师反复强调的重点内容。

5. 要记好课堂笔记。记课堂笔记有助于理解所学内容和复习记忆，也有助于保持注意力的集中和稳定。课堂笔记要用自己的话，记录老师讲课的重点。书本上有的少记或不记，没有的则要多记。如果老师的板书整齐，可以照板书的顺序记；板书零乱，要边记边理出头绪来，课后及时参照教科书进行整理。当然，记笔记应以不影响认真听讲为前提，如果听课和记笔记发生矛盾，应首先听好课，下课后再参照同学的笔记补充完整。

有的同学上课时不用心听讲，结果形成了“课上没学会，回家请家教，业余进补校（补习学校）”的恶性循环。课堂教学的作用是任何家教与补习学校都取代不了的，一个小时不用心听

喜爱读书，就等于把生活中寂寞无聊的时光换成巨大享受的时刻。

——孟德斯鸠

讲，两个小时的家教都补不过来。任何一个智力正常的同学，只要按照老师的要求，在每一个课堂45分钟的时间里都认真听讲，就一定能成为同龄人中的佼佼者。

第三节　听讲要用“心”

有一天，一个工人在仓库里搬运货物，不小心把手表弄丢了，到处找都找不到。后来，同伴们也加入了寻找行列，大伙儿翻箱倒柜，仍是徒劳无功，只好沮丧地回去吃午饭。

这时候，有个小男孩溜进仓库里，很快就把手表找到了。

工人惊异地问他是怎样找到的，小孩说：“我只是躺在地板上，保持安静，马上就听见手表的滴答声了。”

生活中需要用心去对待每件小事，学习上也同样如此。

同学们在课堂上听老师讲解学习内容，听觉通道的畅通当然是十分重要的。但是仅仅把学习心理活动的主要着眼点放在“听”的方面还是不够的。如果仅仅是“听”，那么，充其量是听懂。但听懂不一定是掌握。从听懂到掌握之间还存在着一个过程问题。因此，大家在课堂上进行听课的时候，不仅要用耳朵，更要用心。

在课堂上要用心去听，就必须做到：

书籍是最有耐心、最能忍耐和最令人愉快的伙伴。在任何艰难困苦的时刻，它都不会抛弃你。

——史美尔斯

1. 全心听。调动自己的眼、耳、手、脑等感官投入到听课中来，眼看，耳听，手记，脑想，多种感官综合运用，协调行动。

2. 专心听。“目不能两视而明，耳不能两听而聪”。听讲时，不能分神、分心，要专心致志，集中注意力，这样才能从老师或同伴的讲述中把握核心内容，使自己的学习更加主动。

3. 热心听。上课保持良好的心态，愉快的心情，积极参与到课堂学习中来，不能无动于衷或者消极怠慢，要有求知的强烈渴望。

4. 虚心听。有的同学对所学的内容稍有认识，便自认为懂了、会了，不愿再听老师的讲述，这些都是听课学习的大敌。“满招损，谦受益”，要始终保持向老师虚心学习的态度。

5. 细心听。“天下大事，必作于细”。在一堂课的学习进程中，支撑重点内容的往往是一些关键性的细节，比如在学习除法的意义时，除数不能为零就是其中的关键。这就需要同学们在老师讲授的过程中细心地听，深入理解这些关键内容，从而保证后续学习的连贯。

6. 疑心听。“尽信书，则不如无书”。倾听不是让自己成为发言人的奴隶与俘虏，要敢于怀疑，敢于提出不同看法，敢于跳出发言人所讲的圈子，打开思路，用自己擅长的方式去揣摩、理解所学内容。倘若长期坚持下去，对自己的创新精神与实践能力

读书和学习是在别人思想和知识的帮助下，建立起自己的思想和知识。

——普希金

的培养肯定会大有裨益。

7. 耐心听。基础知识不扎实，对别人的讲话风格不太习惯，或是受到外界其他因素的干扰，都会影响同学们倾听的持续和深入。这时特别需要耐心听，甚至是硬着头皮听。即使不能立马听懂，也要坚持听下去，并及时地对自己不能理解的地方予以记录，然后在适当的时候向老师或同学请教，直至彻底弄懂。

同学们在听课过程中应集中注意力，全神贯注地听，充分调动多种感官参与听课，一心不二用。许多学习优秀的同学在课堂上都是这样做的。

当然，一堂课几十分钟，要始终保持全神贯注是不可能的，也是不必要的，同时也是违背心理活动规律的。一个成功的学习者，既能随着教师讲授的轨迹前进，也能在必要时搞一点缓冲、舒展，自动进行调节，以作提神之用。同学们可将“心”集中在老师对自己在预习中发现的难点的讲授上，集中搞清老师讲授思路；对于老师讲授中自己已懂的部分，可以将大脑暂时放松一下，以求调节兴奋与抑制生理机制，使注意力能够再次集中。

用心去听，有的放矢，既不致因听讲而过于劳累，又能收到很好的听课效果。

为什么不去试一试呢?

书籍是屹立在时间的汪洋大海中的灯塔。

——惠普尔

第四节 听讲要捕捉重点

一个厨师，能为人称道的往往不是他会做多少菜，而是他究竟有几个招牌菜，只有这些才是他的看家法宝。

一名演员，只有最经典的那些影视剧才能留下深刻印象，让人难以忘怀，但从来都没有所谓的通才型演员。

一个运动员，必须专注于一项运动，坚持不懈，才能在相应的领域中取得令人瞩目的成绩。

课堂重点是教材内容的浓缩与精华，是众多知识点中的核心。掌握了重点，就是掌握了最关键的部分，就能够带动全面，使其他问题迎刃而解；明确了重点，就把握了课堂的精髓，就能够由此及彼，达到触类旁通的境地。

何为重点呢？

重点就是老师反复强调的东西。

一般来说，课堂的重点有两个方面的标准：一是知识内容上的重点，二是学科特点上的重点。知识内容中，基本概念、基本原理、基本关系式等都可以看做是重点，不同的老师对这些重点突出的方法不同，比如在讲到时提高声调，或者反复强调，或者突然放慢语速，或者在黑板上用彩笔勾勒或做上特殊的标记，这

风声雨声读书声，声声入耳；家事国事天下事，事事关心。

——顾宪成

些都是同学们需要引起注意、提高注意力的地方。

从学科特点看，不同学科的重点是不一样的。比如物理、化学、生物是以实验为基础建立起来的，因此在听这些科目时要特别注意观察实验，在获得感性知识的基础上，进一步通过思考、概括，得出科学的概念或规律。代数的内容体系是通过运算种类的增加和数域的扩大展开的，而几何的内容则是通过由简单图形到复杂图形的认识逐步加深的，学习起来要抓住知识发展的脉络，通过大量的演算、证明等练习，获得数学知识，培养数学思维能力。语文、外语则又和理科不同，主要学习字词句章等基本知识，因此听课时要抓住听、说、读、写等重要环节，培养自己的语感，提高阅读和写作的能力。

那么，怎样才能抓住重点呢？

1. 注意老师的开场白和结束语。

许多同学在听课时往往忽视了这一点。他们错误地认为，开场白不是“正文”，可听可不听；“结束语”则是“正文”的重复，既然正文已经说过了，那就不用再听了。

其实，老师的开场白虽然只有寥寥几句，但概括了前节课的要点，引出本节课要讲的内容或点明本节课所要达到的要求，是从旧知识过渡到新知识的桥梁，有承上启下的作用，也是本堂课的纲要。结束语的话也不多，但短短几分钟便把本节课的重点画

爱护书籍吧，它是知识的源泉。

——高尔基

龙点睛地小结出来了，并进一步指出在应用这些知识解决实际问题时应注意的事项等，具有高度的概括性，对学生建立清晰的知识结构十分重要。因此，把握住老师的开场白和结束语，也就把握住了整个课堂的精华。

2. 注意老师的板书。

老师的板书往往是所讲内容的纲目，或是本节课的要点、重点与难点，或是老师认为大家掌握起来特别容易出问题的地方。注意老师的板书，就抓住了老师讲课的主要内容，然后把这些内容从头到尾连起来，就构建起了这部分内容的框架。

3. 注意老师反复强调的部分。

老师在课堂上反复关注、讲课中反复强调的，在板书中用彩笔勾画出来的，以及提醒要求大家注意的，都是重点知识，必须重点加以关注。老师作为过来人，在讲述基本概念、基本原理和基本关系式时，深知什么是关键，所以要反复强调、重点讲解。老师积累了多年的教学经验，了解初学者可能会在什么地方产生错误理解，讲课时就会有针对性地对各种似是而非的错误理解加以剖析。所有这些都是教科书上没有的，只有全神贯注地听讲和积极地思考才能领会与掌握。

如果一个人在课堂上从头到尾都听得很认真，什么都努力往脑子里塞，那么往往一节课上完了，却觉得什么都没学到。因此，

书是世界宝贵财富，是国家和历史的优秀遗产。

——梭罗

学会捕捉课堂重点十分重要。

第五节　跟上老师的思路

听课是为了增长知识和发展智力，因此，不能把知识点听懂了和课听好了等同起来。高水平的听课不仅应注意老师传授的具体知识，更应该注意老师讲课的思路，跟着老师的思路走，弄清楚老师讲课过程中运用的各种思维方式和思维过程，学习老师是如何进行周密科学地进行思考的，从而提高自己的思维能力和智力水平。

有的同学不注意老师的讲课思路，而偏重于记忆老师的推导、总结出来的公式或结论，把这看做是听课的主要目的。其实，这样掌握的知识，是知其然而不知其所以然的死知识。这种死知识忘得快，又不能用于解决实际问题，更谈不上发展智力。

老师讲课都有一定的思路，抓住思路才能把握所学内容的内在逻辑。如果碰到没听懂的，应当做个记号，不要花很多时间去想；否则，老师讲别的却没听清楚，思路可能就会因此而中断，到后来越听越不懂了。所以听是关键。

那么，如何才能跟上老师的思路呢？

1. 根据自己预习时理解过的逻辑结构抓住老师的思路。因为

读了一本书，就像对生活打开了一扇窗户。

——高尔基

老师讲课大多是根据教材本身的知识结构展开的，因此同学们要注意老师每节课上从头至尾所走过的“路”。这节课主要内容是什么，老师开头是怎样引入的，中间是怎样引导分析的，最后是怎么解决和总结归纳的，这些过程都应该弄清楚。

2. 根据老师的提示抓住老师的思路。老师在教学过程中经常会用一些提示用语，如“请注意”、“我再重复一遍”、“这个问题的关键是……”等等，这些要么是强调课堂重点，要么是剖析问题的关窍，或者提醒学生注意自己接下来的讲解。同学们在这些地方尤其需要引起重视。如果能根据老师提出的问题进行深入思考，就可以抓住老师的思路。

3. 根据课堂提问抓住老师的思路。一般来说，老师在课堂上提出的问题都是同学们学习中的关键，要么是上堂课的重点知识，要么是一些容易引起混淆的概念，要么是对基本的方法技巧的综合。

4. 根据老师的推导过程抓住老师的思路。老师在课堂上讲解某一结论时，一般有一个推导过程，如，数学问题的来龙去脉、物理要领的抽象归纳、语文课的分析等。感悟和理解推导的过程，是一个投入思维、感悟方法的过程，这有助于理解记忆结论，也有助于提高分析问题和运用知识的能力。

读书给人以乐趣，给人以光彩，给人以才干。

——培根

第六节　选择适当的听课方法

课堂是同学们获取知识的主要途径，抓好课堂的45分钟，养成良好的听课习惯，将会给大家的学习带来巨大的帮助，大大提高同学们的学习效率。这是毋庸置疑的事实。

可是，同学们该采用什么样的方式来听课呢？

每个人的特点不同，起点也不一样，各有所长，因此适应每个人的听课方法也不同。最为关键的，是要找到一个适合自己的方法。

我们可以对同学们大致进行如下分类：

1. 基础扎实型。

2. 基础薄弱型。

3. 爱动脑筋型。

4. 被动接受型。

5. 精力分散型。

不同类型的同学，应该采用不同的听课方法。

对于基础扎实的同学：由于你们的知识结构没有明显的漏洞，知识的关联性比较好，因此在课上可以把重点放在对新知识点的理解上，对于上节内容的复习和新知识的导入，则不必投入

喜欢读书，就等于把生活中寂寞的辰光换成巨大享受时刻。

——孟德斯鸠

太多精力。

对于基础薄弱的同学：由于你们基础不牢固，前面的知识还没有完全掌握，因此对于新知识的理解和接受势必会存在一定的困难。建议你们把主要精力放在老师对新旧知识点的串联上，一方面巩固并加深理解前面学过的内容，另一方面也为理解新的知识点做好铺垫。

对于爱动脑筋的同学：由于你们爱动脑筋，勤于思考，因此往往喜欢刨根问底。建议你们把听讲的重心放在老师对原因的阐述和分析上，比较自己的想法和老师有什么不同，从中获得启示和灵感。但要注意避免钻牛角尖。

对于被动接受的同学：由于你们一般不大习惯自己去主动思考，而是老师讲什么，你们就听什么，记什么，因此基本上没有什么自己独立的理解。建议你们在课堂上要试着多想为什么，甚至要对老师的讲解发出质疑。因为只有自己切实想过了，才有可能真正转变成为自己的知识。

对于精力分散的同学：由于你们上课注意力不容易集中，常常走神，因此在听课的时候最好能边听边记，把自己感到困惑的地方或者认为老师讲得比较好的方法记下来，以备课下加以解决或细细琢磨体会。记课堂笔记的方法，能够有效集中上课听讲的注意力。

一个爱书的人，他必定不致缺少一个忠实的朋友、一个良好的导师、一个可爱的伴侣、一个幽婉的安慰者。

——伊萨克·巴罗

情况不同，采用的对策和方法也必然要有所不同。

对症下药，突出重点，根据自己的实际情况采取相应的听课策略，才能有效利用课堂时间，发挥出课堂上的最大效果。

第七节　养成良好的听课习惯

俗话说："习惯成自然。"任何习惯都是从小养成的，好的习惯可以使人受益终生，听课习惯也是如此。如果没有很好的听课习惯，即使老师的课讲得再精彩，学生的天赋再高，也很难达到预期的学习效果。因此，养成良好的听课习惯是实现听好课的重要前提和有力保障，同时也会为大家以后的学习带来数不尽的方便。

可是，不少同学由于年龄小、好动、易兴奋、易疲劳，所以注意力保持时间特别短，听课中往往显得注意力不够集中。不是在课堂上走神，就是情不自禁地和旁边的同学讲话，要不就是看着窗外想着下课后怎么去操场上玩，种种现象，不一而足。

那么，怎样才能养成良好的听课习惯呢？

1. 要做好听课的准备。课前应及早去厕所方便，不能在老师讲课的中间因为内急而分神，影响听课；上课前要拿出课本、练习本、铅笔、橡皮以及其他各种课堂上可能会用到的文具；上课

各种各样的蠢事，在每天阅读好书的情况下，仿佛烤在火上的纸一样，渐渐燃尽。

——雨果

的铃声一响，不管老师是否已经走上了讲台，注意力和心思要立马转到课堂上来，不能再去想与课堂无关的其他琐事；课桌上尽可能不要出现其他书本，以免课堂上受到其他因素的影响而不能集中注意力听课。

2. 要集中注意力专心听讲。听讲是否专心，直接影响到课堂学习的效果。俄国教育家乌申斯基曾经说过：注意是学习的窗户，没有它，知识的阳光就照射不进来。因此，同学们在课堂上应集中注意力听老师讲解，做到“四到”，即“眼到”、“耳到”、“手到”、“心到”：眼睛要盯着老师的板书和老师讲课时的表情动作；耳朵要听清老师讲课的内容，要听出重点，听出弦外之音，听出老师讲课的意图；手要有选择地记，要记重点、难点和疑点；脑筋要开动，积极思考，抓住老师讲课的思路。同时，不要被周围的事物所影响，注意力、思维要始终放在老师要求的方面，不东张西望，不讲与上课无关的话，不做与上课无关的动作。

3. 要开动脑筋积极思考。思维是智慧的源泉，没有思维就没有知识的理解、消化和升华，老师提出的每一个问题，要思考他用意何在；同学们的每一次回答，要思考它是否严密无误；老师在课堂上讲了一种解题方法，要思考还有没有更简便的方法……如果一个学生的思维能够始终处于积极状态，那么他的注意力也就一定能够在较长时间内保持高度的集中，听课效果自然

大师们的作品在我们心灵扎根，诗人们的佳句在我们血管中运行。我们年轻时读了书，年老了又把它们记起。

——赫兹利特

会比别的同学好。

4. 要保持良好的听课姿态。上课时要身体坐正，精神振作，双眼圆睁，凝神静气，认真、自信并满怀热情和期待地倾听老师的讲解。在听讲过程中，要时刻保持与老师的目光交流，听懂了，要露出会心的微笑；有困惑，要用眼神向老师询问，请求老师进一步地解释。要时刻保持注意力的高度集中和昂扬奋发的精神面貌。

认真做到以上几点，将有助于良好听课习惯的养成。

第八节　养成好记笔记的好习惯

养成做课堂笔记的习惯不仅是一种学习方法，更是一种正确的学习态度。“不动笔墨不读书”，读书如此，课堂学习亦然。俗话说“好记性不如烂笔头”，只有勤于动手，才能克服眼高手低的毛病，才能提高学习效率。

那么，怎样才能养成做笔记的习惯呢？

1. 坚持听讲。课堂是同学们获取知识的主要途径，只有坚持听讲，才能获得一份内容丰富而又完整的笔记。

2. 将各门课程的笔记本单独存放。每门课程都要备有单独的笔记本，并且尽可能选用开本较大的笔记纸来书写，这样便于看

读书不是为了雄辩和驳斥，也不是为了轻信和盲从，而是为了思考和权衡。

——培根

清笔记的格式。

3. 在每学期新课程开始前，将该课程的名称、号码、日期还有讲课者的姓名写在笔记的第一页上，这样就不会将笔记遗失或与其他笔记相混淆了。

4. 在课堂上要努力做到集中注意力。不要乱涂乱画或编结什么东西，这些手的活动会影响做笔记和集中思想，打断与教师眼神的接触，要养成把老师对每一题目的讲解都记录下来的习惯。

5. 使笔记完整清洁。要保证几个星期或几个月以后，你还能知道它们的含义，但是不必用完整的句子记录，因为记笔记是一个选择、压缩和概括的过程。对于常见字和一些常常出现的术语要用缩写形式，这能给你更多听和写的时间。另外，笔记的字迹要清楚，确保自己能够辨认出来，为今后的复习节省时间。

6. 对于线索要机警灵活。老师在课堂上常常会说“你们以后还会明白这一点”、“这是很重要的”或者“这是个常见错误”等联结性或提示性的话语，大家应该在边线外用星号或其他符号将这种线索或重要的话语记下。另外，要注意听一些列举性质的话，如：“下面是这一过程中的四个步骤”，以及“最后”、“因此”和“还有”，因为这样的词可能告诉你后面要讲重要的内容。注意其他的转折词、短语或句子，它们可能表示一个主要思想已讲述完毕，接下去要讲另外一个了。

有时候读书是一种巧妙地避开思考的方法。

——赫尔普斯

7. 对于老师在讲课中反复强调的地方，同学们应该用记号（如星号、箭头或在字下面画线）做出重点标记，以提醒自己时时注意。

8. 将老师提到的书本或其他参考资料记下来并另外列开。在你进一步阅读时，这些都是有价值的指南。

9. 将你自己的思想与老师的思想分开写。把问题、你自己想出的例子、想法和参考材料写下来是一个很好的做法，但一定要用括号或其他符号指出，因为这是你的而不是老师的想法。

10. 记下老师在讲课中所举的例子。这些例子常常能说明抽象的思想，用特别的记号如 EX 标出它们是例子。

11. 在老师讲课结束时，你要像讲课开始时一样严密注意。因为老师讲课的速度并不总是很精确地计算好的，他们可能不得不把一半内容塞在最后 5 或 10 分钟内讲。因此你要尽快地把这些紧挤在一起的结尾记录下来，如果需要的话，下课后你还可以在座位上多留几分钟，尽量将你所能记住的东西都写下来。对于你认为自己可能遗漏的词、短语或思想，在笔记中要为它们留出空位，课后马上请教老师或同学，尽量在他们的帮助下将这些空白填满。

12. 课后要经常复习笔记的内容，如有需要，将笔记的结构改进一下，使它看上去更具有系统性和便于复习。

不加思考地滥读或无休止地读书，所读过的东西无法刻骨铭心，其大部分终将消失殆尽。

——叔本华

就像别的技巧一样，听课和记笔记也需要实践。只要你按照以上要求真正努力去做，将它们变成一种习惯，很快就能提高做笔记的能力。不信，你就着手尝试一下吧！

第九节　课堂听讲十忌

要想充分利用好课堂45分钟，就一定要使听课效率达到最优。可是，听讲中的一些坏习惯往往阻挠了这一目标的实现，从而使听课效果大打折扣。那么，同学们在听讲过程中都有哪些忌讳呢？又该如何去克服它们？

大家在听讲中一般有以下“十忌”：

1. 认为课堂枯燥。

有些同学一旦认为某堂课不够生动，便立刻“关掉”自己的耳朵，不去聆听。但往往在这节“枯燥”的课堂中，包含着许多非常重要的知识点，忽视了它们，后面的学习将很难顺利进行。

应对方法：面对即使看起来十分枯燥的一堂课，同学们也要细心聆听，从中找出重要的资料及思想，不要过于在意老师的讲课方式。

2. 对老师有偏见。

有些同学喜欢挑剔老师的缺点，如衣着落伍、表情僵硬、普

我认为人生最美好的主旨和人类生活最幸福的结果，无过于学习了。

——巴尔扎克

通话不标准等，从而以貌取人，认为老师讲不出什么重要的东西。如果抱着这种偏见去听课，是不可能取得良好效果的。

应对方法：同学们在课堂上应该首先去汲取老师讲授的那些知识，而不是把注意力放在挑老师的毛病上。大家可以不喜欢某一个老师，但不能因此而不喜欢他讲的知识。

3. 只听热闹，不想门道。

有些同学在课堂上只喜欢听老师讲鲜活有趣的事例，而不爱听一些原理、概念等基本性的东西，也不愿意去根究结论或结果背后的原因。

应对方法：同学们在课堂上不仅要注意老师讲述的事例、结论，更应该注意那些事实是怎样印证原理、那些事例是怎样印证概念、那些论据又是怎样印证论点的等等，因为事例的重要性只在于它能联系和反映原理、概念等，而后者才是大家更应该掌握的东西。

4. 过分反应，因小失大。

有些同学由于不同意老师在课堂上的某点看法，从而推广到不同意老师的其他意见，以致错过了对一些非常重要的知识的掌握。

应对方法：同学们在课堂上应该用理智而不是情绪去听讲。有不同观点可暂且记下，待有适当机会才发问，决不能影响正常

我们可以由读书搜集知识，但必须利用思考把糠和麦子分开。

——富斯德

的听课。

5. 千篇一律的笔记方式。

有些同学尝试用同一种笔记形式来记录所有的课堂内容，他们只顾笔记的外观，而忽略了笔记的内容。

应对方法：同学们应该按照科目及授课形式的不同来调整记笔记的方式，具体做法可参照第二章的讲述。

6. 对敏感的字眼反应过分。

有些同学一听到敏感字眼，如“无可救药”、“笨”、“没用”等，便会反应过敏，血压上升，甚至莫名发火，并因此而不再听老师的讲课。

应对方法：作为一个好的聆听者，同学们即使听到一些敏感的字眼，仍应该平心静气地继续听下去，以便理解清楚老师讲话的思路和论据。

7. 三心二意，浪费思想速度。

有些同学在听课的空隙胡思乱想或解决个人问题，结果打乱了听课的思路，以致再也跟不上讲课的速度，于是只好将余下的课堂内容放弃。

应对方法：同学们应该根据自己的思想速度及老师在课堂上的停顿，去区分重要概念及有关的支持论据，将重点快速总结，并预测老师的下一个要点。

读书时，我愿在每一个美好思想的面前停留，就像在每一条真理面前停留一样。

——爱默生

8. 心浮气躁，易受干扰。

有些同学经常把附近的小骚扰作为借口，而不去听课，如脚步声、咳嗽声、开门声、邻近球场打球声等。

应对方法：作为学生，同学们要善于自律，排除外界的干扰，专心听课。

9. 人在曹营心在汉。

有些同学眼睛在望着老师，而心早已飞出了课堂，他们认为回家看教科书完全可以代替课堂听讲。

应对方法：大家要知道每一堂课都很珍贵，每一堂课都是老师花费数小时的时间精心准备的，其中有些东西在教科书里是找不到的，因此在课堂上必须要专心致志、全神贯注地听讲。

10. 贪图舒服，无所用心。

有些同学懒于理解老师的复杂概念及其论证，认为过于麻烦和辛苦。这些同学想要的是娱乐，而不是学习。

应对方法：同学们在课堂上应充满求知欲，渴望知道老师证明论证的方法，尽可能把每一个过程的来龙去脉都搞清楚，这样才能真正理解老师所讲的那些知识。

久物之味，久则可厌；读书之味，愈久愈深。

——程说砚

第三章　不同老师，不同听法

不同的老师有不同的讲课风格，有的讲课如天马行空，大家听得酣畅淋漓但却不知所以；有的讲起课来滔滔不绝，根本不给大家喘息的机会；有的上课只是引导启发，将方法和结果都留给大家自己去思考；有的每节课都要点名提问，让许多同学战战兢兢，惶恐不安……面对众多风格迥异的老师，同学们究竟应该如何去适应他们呢？

第一节　适应不同老师的教学风格

一个人，无论自己以为有多少才华，有多少成就，这世界上总还有比他才华更高，成就更大的。唯有虚心诚恳地不断学习，不使自己骄盈自满，才可以有更高的成就。

——罗兰

尽管在新课程改革的背景下学校教育越来越注重同学们的主体作用，教育方式也随之不断更新、改革，教育手段更是日新月

把学问过于用作装饰是虚假；完全依学问上的规则断事是书生的怪癖。

——培根

异，这些都为大家的学习增添了无限的情趣，创造了更多的学习优势，但是老师在教学中的主导作用依然十分重要，不可忽视。面对老师，如何去适应是同学们搞好学习的关键。

如何适应不同风格的老师呢？具体来说应从以下几个方面着手：

1. 适应老师的性格。在同学们的眼里和心目中，老师是大家的偶像，是无所不能、完美无缺的。但是，现实中的老师却是很普通的常人，面对大家他们只是长者、授业者和教育者，即使是一位优秀的老师也同样会有这样或那样的不足。面对各科老师，有的和蔼可亲如父母，有的平易近人宛如朋友；有的冷漠拒人千里，有的严厉如临大敌……老师的言谈举止、喜怒哀乐，所有的一切都自觉不自觉地触动和波及着大家的情绪，影响着大家的学习。作为学生，改变不了老师的性格，也不可能改变，只有从自身出发，打开心灵的窗户，从内心接纳老师，慢慢地去适应，建立和谐融洽的师生关系。

2. 适应老师的语言。语言是老师传授知识的主要方式。师生异地语言是学习中的最大障碍，这就要求大家要尽快地掌握老师的语言特点，多同老师交流，早日适应。即使是同地，往往也有一些地方需要注意，如：老师讲课声音小、速度快、语音不清，或是夹杂深奥难懂的词语等，也需要去适应，打通语言障碍。

3. 适应老师的讲课方式。不同的老师讲课有不同的特点，讲

我没有什么特别才能，不过喜欢寻根刨底地追究问题罢了。

——爱因斯坦

课的方式方法往往也各不相同。同学们应当区别对待，采用不同的听课方式。以课本为主的老师完全照搬书本，知识准确，重点突出，但显得单调，趣味性差，因此大家在课堂上应加强自我约束，以注意听课为重，笔记大可不记；放任型老师讲课往往滔滔不绝，海阔天空，容易激起学生的情趣，但知识往往主次不清，偏离重点，因此，课前应做好预习，掌握知识的难易和重点，听课中抓住重点，同时记好课堂笔记；以板书为主的老师重点突出，条理清楚，便于记录，但往往讲得少，知识面窄，又不透彻；以自学为主的老师，讲解扼要，提纲挈领，同学们需要有极强的自学能力，要善于思考和提出问题，对不清楚或是不懂的地方应及时向老师请教……总之，只要能掌握老师的讲课规律，采取有效的学习方式，就一定能学好每一课的知识。

4. 适应老师的教育管理方式。由于老师的性格、工作经验、工作态度、世界观、人生观的不同，表现在工作中也有很大差异。比如同样是对同学们的作业，有的老师会勤批勤改，有的则会粗枝大叶，还有的会不闻不问。同学们犯了错误，有的老师会促膝谈心，有的会严厉训斥……面对老师至为重要的一条是理解。理解老师的言行，自我化解心中一时的委屈和不快，不断勉励自己勤奋学习，做遵守纪律，认真听课的好学生。

每个同学一般都会有很多个任课老师，每个老师都有自己的

好奇心是学者的第一美德。

——居里夫人

个性特点、教学习惯和教学风格，大家难免会遇到自己最初不适应、不喜欢的老师，这时千万不要没完没了地埋怨、指责，那样只能破坏自己的情绪，使那一学科的成绩越来越糟。反过来，应认识到每个老师都有自己的长处，有很多值得自己学习的地方，试着跟上课堂内老师的教学步伐，这样既能提高自己的学习成绩，还能融洽师生关系。

第二节　面对“天马行空”型老师

有的老师讲起课来天马行空，无边无际，常常令学生感到兴趣盎然，非常过瘾。

听这样的老师上课，大家绝不会感到无聊，更不会打瞌睡。但是，如果大家在听课中只是随便听听而不假思索，那么课后就会觉得头脑中一片空白。于是，临到考试同学们会发现试卷出得特别难而无从下笔，到那时，大家的心情就不像当初听课时那么愉快了。有的同学甚至觉得受了老师的欺骗而火冒三丈。

但遇上了这样的老师，发火也没有用，更何况，班上同样听课的同学中，也有考试成绩好的。

怎样适应这样的老师呢？

首先要养成预习的习惯。课前预习一遍教材，通过预习知道

读书越多，留存在脑中的东西越少，两者适成反比。读书多，他的脑海就像一块密密麻麻重重叠叠涂抹的黑板一样。

——叔本华

哪些是重点、难点，并且在教材中标示出来。这样课堂上任凭老师扯多远，同学们也能始终保持头脑清醒，知道自己听讲的重心以及目前的进度，不至于被老师天马行空的讲课所迷惑。

同学们一旦养成了课前预习的习惯，对课本的内容就会有全盘的了解，并且重点在握，这样就能从老师发散性的讲课中获得更多、更高层次的知识。同时对那个学科的兴趣也会大增，并有可能使它成为自己最擅长的学科。

其次，从挑老师毛病中，增强自己的学习兴趣。

日本教育专家多湖辉先生说："我在少年时代，是一个无法无天的捣蛋鬼，当时恶作剧的对象竟然还敢选到老师的头上，其中之一就是挑老师的错误。但是这种恶作剧却生出了意外的副产品，第一是想找老师的错误，就非得认真、聚精会神地去听课不可。第二是想质问老师，就要事先有相当的准备及预习功课。这样竟获得了不曾预期的结果，对于功课竟然热衷起来了。"

埋怨老师不如适应老师，适应老师的办法之一是给老师挑毛病。有的同学说："挑了毛病有什么用，老师也不允许我们提意见。"即使不让提，大家也可以把这些问题记在自己的笔记本上，这样既加深了自己对教材的理解，防止自己犯类似的毛病，同时又增强了上课兴趣。

遇到自己最初不适应、不喜欢的老师，千万不要没完没了地

读书对于我来说是驱散生活中不愉快的最好手段。没有一种苦恼是读书所不能驱散的。

——孟德斯鸠

埋怨、指责，那只能弄坏了自己的情绪，使那一科的成绩越来越糟。反过来，千方百计适应老师，既能提高学习成绩，还能增强自己容人的能力。

第三节 面对“滔滔不绝”型老师

课下，一群学生在讨论，其中有个学生说：“刚才那老师口若悬河，一上课就滔滔不绝，一句接一句地不肯停下来，一直讲到下课铃响。咱们能不能换一位老师?”

“对。咱们是该换老师了。”不少同学随声附和，“我都根本不知道他在课上讲了些什么内容，噼里啪啦放鞭炮似的，让人根本就来不及去记和想。”

另外一个同学说：“我就喜欢听这样的老师讲课，听起来一点也不累，不知不觉就下课了，还能学到好多东西呢。”

每位老师都有自己教学的特点，不同特点的老师，适应不同性格同学的需要。口若悬河的老师一讲到底，大部分同学不欢迎，可还是有一些同学喜欢。老师的教法要适应所有的同学是困难的，但不能因为老师不适应大家就换老师，而是同学们应该主动去适应老师。

对于同学们来说，只有积极主动地去适应老师，这样才有利

要是童年的日子能重新回来，那我一定不再浪费光阴，我要把每分每秒都用来读书！

——泰戈尔

于大家的成长，增强大家的适应能力，从而轻松地面对未来更复杂的社会生活。

那么，同学们怎样才能适应“滔滔不绝”的老师呢？

一般说来，这一类型的老师，又可分两种：

1. 教科书派，上课内容以教科书为主，讲起课来滔滔不绝。

2. 旁征博引派，讲教科书的内容又加上自己搜集的资料，讲起来也是滔滔不绝。

前者讲课的内容，只要翻着教科书就一目了然，所以部分同学会批评说：“这位老师就懂得照本宣科，并没有多大本事。”也许正是这个缘故，这部分同学对这种老师的课就不那么热衷，所以往往对教科书上的基本内容掉以轻心，轻易放过了该掌握的重要内容。

后者讲课的内容，由于在教科书上看不到，不少同学忙于做笔记，唯恐有所遗漏，反过来却因为眉毛胡子一把抓而难以掌握重点。

遇到教科书派，为了防止自己迷迷糊糊，甚至昏昏欲睡，大家在课前得下一番工夫好好预习，弄清这堂课将学习什么内容，这一课的重要内容是什么。有了这样的准备，即使老师说得天昏地暗，大家仍然能知道哪些地方重要，哪些地方不重要。大家只要把重要的内容记在笔记本上，做到一看笔记，马上知道重点就行了。

不应当急于求成，应当去熟悉自己的研究对象，锲而不舍，时间会成全一切。凡事开始最难；然而更难的是何以善终。

——莎士比亚

遇到“笔记派”教师，如果不将他说的内容逐句记录，似乎令人感到不安。其实，大家可以寻找与老师授课内容相近的参考书，并在课前做好预习，听课时只需记参考书上没有的内容，上课时思考时间就会大大增加，明显提高学习效率。

第四节　面对“引而不发”型老师

有些老师上课时讲得很少，从不面面俱到地分析、解释，而是在自己吃透教材的基础上，设计出几个关键性的问题，引导学生思考、讨论。

思考讨论之后，有了统一的认识，并且符合标准答案，老师便不再重复，给学生以鼓励、赞扬。没有统一认识时，老师也不轻易下结论，常常引导学生再进一步去搜集论据，以便更深刻地研究问题。

有的理科老师在上实验课时，并不把实验的结论先告诉学生，只是引导学生积极主动地参与实验，在实验中由学生自己发现结论。

这类老师一般属智慧型、思考型，他们在课堂上往往立足于引导学生深层次地思考问题，而很少直接告诉学生现成的答案，真正做到“引而不发”。因此部分同学会觉得这样的老师不负责

书籍是思想的航船，在时代的波涛中破浪前进。它满载贵重的货物，运送给一代又一代。

——培根

任，从他的课上无法学到足够多的东西。

如何适应这样的老师呢？

首先要转变自己的观念。同学们不要以为讲得多的老师便是负责任。如果一位老师每节课讲满45分钟，大家的平均成绩是90分，而另一位老师每节课只讲30分钟，大家的平均成绩也是90分，那么究竟哪位老师对大家更有利呢？显然是讲得少的老师，因为他把时间省下来，让大家有了更多的读书、思考、讨论、练习的机会。同学们通过自己实践得来的90分，要比全靠听老师讲得来的90分更扎实，更实用一些。最重要的是，跟这样的老师学习，同学们不知不觉地就养成了主动思考、主动探索问题的好习惯。

其次要做好课前预习，在课堂上紧跟老师的思路，抓住关键性的要点。由于老师在课堂上不是简单地照本宣科，而只是从整个章节中挑选出部分问题来进行讲解，因此这些内容必然是整个章节的核心、重点、枢纽，同学们一定要在通过预习对整个章节有所了解的基础上，抓住这些关键性的知识点，尽力把它们弄懂、弄透，从而为掌握其他的次重点知识铺平道路。

同学们应该珍惜遇到“引而不发”型老师的机遇，自觉和老师配合，积极参与探讨老师在课堂上布置的一系列问题，使自己成为学习的主人。

读书可以培养一个完人，谈话可以训练一个敏捷的人，而写作则可造就一个准确的人。

——培根

第五节　面对“防不胜防”型老师

宋军告诉爸爸：“我最不爱上历史老师的课，他一上课就提问，有时按点名册的顺序问，心里还有点准备，有时突然袭击，随意点名，让人防不胜防。”

“这有什么不好？”爸爸问。

“怕答不好，挨批评，遭到同学们的嘲笑。”

“那还是你没有用功学习。学生回答老师的提问是天经地义的事。从提高学生成绩的角度，从培养你学习习惯的角度去想，老师这样提问，并没有什么不好的。”

其实静下心来想，老师在课堂上提问真的没有什么不好。认真分析一下，不欢迎老师这样做的，大部分都是不太用功的同学；而那些学习努力、成绩突出的同学，不仅不怕老师提问，有的还欢迎老师提问，觉得那是老师给了自己一个表现的机会。

课堂提问在同学们的学习过程中具有非常重要的作用。

1. 有利于激发大家的兴趣。兴趣在学习的过程中有着十分重要的作用。孔子说：“知之者不如好之者，好之者不如乐之者。”巧妙的课堂提问可以引导大家对某些问题进行探究，激起大家的好奇心，引起大家的注意和浓厚的兴趣，从而投入到新的课堂学

不去读书就没有真正的教养，同时也不可能有什么鉴别力。

——赫尔岑

习中去。

2. 有利于大家掌握重难点。老师在课堂上的提问，一般是根据教学的重点和难点来设计的，大家在老师的启发引导下进行分析思考，可以突破教学的重点、难点。

3. 有利于优化大家的表达。课堂提问给大家提供了一个发表意见的机会，大家能面对老师和同学，用自己的语言表达对问题的理解和看法。通过答问，既可以锻炼大家组织语言的本领，又可以锻炼大家语言表达的准确性和灵活性，从而提高大家的语言表达能力。

同学们在课堂上之所以会怕老师的提问，其实是怕自己答错。而怕答错，原因则是自己没有认真学习，对自己能够正确回答上来没有信心。

如何适应这样的老师呢？最好的办法是通过认真的预习、学习，做好回答的准备。上课不仅不去想如何去“防”老师的提问，反而希望老师问到自己，甚至勇敢地举手，主动请求回答。当老师提问别人时，不妨假设在被提问的是自己，认真思考对问题的作答。这样心态就会变得愉快、积极，和老师的关系也会越来越融洽，成绩一定能明显提高。

大家在课堂上越是不怕提问，越是愿意积极地回答提问，知识就掌握得越牢固，能力就拓展得越充分。

喜欢读书，就等于把生活中寂寞的辰光换成巨大享受的时刻。

——孟德斯鸠

第四章　不同课程，不同听法

不同的课程类型有不同的学习方法。在学习的过程中，同学们会遇到许多类型的课程，比如作文课、古文课、听力课、实验课、习题课……这些课程都有它们各自的特点，也都有非常明确的目标要求。面对不同类型的课程，同学们有必要选择不同的听课方法，以便取得更好的听课效果，从而有效达成学习目标。

第一节　抓住学科特点去听课

随着年级的升高，同学们在学校里学习的科目也相应地逐渐增多，这常常让一些同学应接不暇。学科不同，听课的要领也各异，这就要求同学们在听课过程中要抓住各个学科的特点，运用相应的方法去听，从而达到最佳的效果。从整体上看，可以从两方面入手：

1. 听理科重点在于掌握基本概念和规律。

数理化是逻辑结构很强的学科，前面的知识学不懂，后面的

抛弃今天的人，不会有明天；而昨天，不过是行云流水。

——约翰·洛克

学习就很难继续进行，因此掌握基本概念是学习的关键。在课堂上，同学们要集中注意力，使自己思维活动紧紧跟上老师的讲课，听清老师讲的基本概念、原理和方法，抓住重点、难点；同时要开动脑筋，思考老师怎样提出问题，分析问题，解决问题，特别要从中学习理科思维的方法，如观察、比较、分析、综合、归纳、演绎、一般化、特殊化等；要注意听课的系统性，不要只注意个别问题；要将零星难记的知识系统化，形成网络，把握其中的变化规律。

对于物理、化学、生物课，老师除讲解必要的知识外，还会经常在课堂上做一些演示实验、标本模型展示等，因此，大家在学习过程中除了要听好课外，还必须学会“善于观察，善于动手”。从实践中获取更直接的知识，以加深理解。

2. 听文科要在理解中记忆和实践。

大多数人认为文科与理科的不同之处是：文科多以记忆为主，而理科多以理解为主。实际上并非如此，如果只凭机械记忆，那要付出相当大的代价，还未必能取得好的效果。

以语文为例，同学们在课堂上要着重理解老师对字的音形义，词语的本义、引申义和比喻义，句子的形式和含义，段落划分的依据，篇章结构特点，各类文体的写作特点等的讲解。理解的前提是大家在老师讲解的同时一定要勤于思考，只有在思考的

我从来不认为半小时是微不足道的很小的一段时间。

——达尔文

基础上听课才能理解学习的内容。听课时，大家必须始终在头脑中产生问号：作者的创作意图是什么？思路是什么？它是通过什么的形式和体裁表现出来的？老师的讲解和自己的理解有没有相悖之处？自己的理解有何不妥或新的创新等等，这些都会加深对文章的理解和记忆。

学英语主要靠实践，因此上外语课要敢于大声朗读、会话，不要怕讲错，不要担心读不准，只要敢于张口说，就是学习外语胜利的开始。同学们既要注重老师对学习知识体系的教授，又要仔细观察听教师的发音，眼看教师的口形，模仿老师的发音，注重培养听说读写的能力。要尽可能地利用一切机会练习外语。上课积极用口语回答老师的问题，多和老师交流。

对于其他科目，如历史、政治和地理等也要注意把握各自的学科特点，在理解的基础上进行听课。

不同的学科有不同的特点，也需要运用不同的方法去听。但无论听什么，都要注意听清老师讲的基本观点，掌握基本概念和规律，跟上老师的思路，注意听课的系统性，同时要边听边记，注重实践，这样才能力争每堂课都有收获。

第二节　如何上好写作课

很多同学认为“作文难，难于上青天”，觉得写作文时“无

合理安排时间，就等于节约时间。

——培根

话可说，无处着手，无事可写”。有的同学面对作文题目，手托下巴，瞪着眼睛，不知道从何下手，要么是无话可说，要么就是胡编乱造。写作，成了令相当一部分同学头痛的“苦差事”，甚至有的同学宁愿抄几十遍生字也不愿意去写一篇短短三四百字的作文，因为写作让他们太“难受”了。

写作真有这么难吗？

研究表明，一些同学之所以会觉得作文难，绝大部分都不是因为其没有写作文的能力，而是由于心理的障碍抑制了其写作文能力的显现。这些心理问题主要有：

1. 缺乏自信心，自暴自弃。

2. 缺乏耐心，意志不坚强。

3. 作文不细心，缺乏精益求精的思想。

4. 自我表现欲望强烈，表现方式不正确。

要想克服写作难的状况，就必须要上好写作课，通过写作课来排除心理障碍，提高写作能力。

那么，怎样才能上好写作课呢？

1. 培养写作兴趣。“兴趣是最好的老师”。许多同学之所以作文写不好，首先是因为他们对写作没有兴趣。兴趣不是天生的，更多的都是靠后天的培养。因此，大家在写作课上首先应该培养起对写作的兴趣。在老师的指导下，同学们可以尝试多写贴

最聪明的人是最不愿浪费时间的人。

——但丁

近自己的生活实际、有真情实感、富有情趣的一些东西，尽可能避免写一些空洞、枯燥、自己不熟悉的内容。熟悉的东西总是很容易写出感情的，而且在逐渐写作的过程中同学们也会慢慢体验到成功的快乐。这样长期坚持下来，对写作的兴趣就会逐步培养起来。

2. 吸取写作知识。学习任何东西都有一定的方法和规律可循，写作也不例外。写作是一门庞杂的学问，其中蕴含着非常丰富的知识，如文体知识、写作手法、修辞技巧等。掌握这些写作知识对写好文章是非常必要的。因此，同学们在写作课上要认真听老师讲解这些写作知识，学习怎么写记叙文、怎么刻画人物、怎么描写景物、怎么恰到好处地使用动词、怎么分段和使用标点符号等等。通过写作知识的日渐丰富，大家的写作能力也会慢慢提高。

3. 锻炼构思能力。好的文章一定要有好的谋篇布局，对于一篇文章，如何有机地组织材料、安排材料、运用材料，都是关系到文章成败的关键。因此，在写作课上，同学们要注意老师对作文题目的分析，从中学习如何审题立意、如何构思、如何布局、如何紧扣中心、如何画龙点睛、首尾呼应等能力和技巧，为自己的作文实践做好准备。

4. 提高鉴赏水平。写作课不仅要培养同学们良好的写作能力，同时也要求大家通过写作课培养起良好的鉴赏水平，提高审美能力。因此，同学们在写作课上要认真倾听老师对优秀范文的

你热爱生命吗？那么别浪费时间，因为时间是组成生命的材料。

——富兰克林

朗读和点评，在获得美好感受的同时，仔细体会它为什么好？好在哪里？如果是我写这个题目，我会如何写？别人这样写对我有什么启发？经过这样反复地训练，大家的鉴赏水平就会慢慢培养起来，写作能力也会随之提高。

第三节　如何上好古文课

对于刚刚接触传统文化的同学来说，古文就像是一只“拦路虎”，横亘在他们理解文意、欣赏篇章的路上。对于古文，许多同学都会感到头痛，不仅是因为它“之乎者也”的“古怪”风格，还由于其中许多艰涩难懂甚至佶屈聱牙的句子、生僻难认的汉字、看似熟悉却难以理解的字句意思……种种因素，都给古文蒙上了一层神秘而又令人望而生畏的面纱，使不少初学者叫苦不迭。

那么，怎样才能上好古文课呢？

1. 培养兴趣。

“兴趣是最好的老师”。要想学好任何一门功课都必须首先对它感兴趣，学习古文也是如此。首先要用激情去感动自己的大脑，培养对课文的兴趣，从而满腔热情地去学习这篇课文。这里一般有两种途径：其一，充分地去了解作者，找寻自己与作者之间的相通点，缩小自己与作者之间的距离，培养自己对作者的喜

没有一种不幸可与失掉时间相比了。

——屠格涅夫

爱之情，进而爱屋及乌去喜爱他的作品。其二，如果确实找不到喜欢这个作者的理由，那么就努力地去读懂他的文章，在读中去领悟、体验、揣摩，加深对课文关键词的感知，挖掘文章中潜藏的美，让课文中的精彩来打动自己，从内心深处培养对文章的爱，然后怀着激情去学习它、品读它……这样慢慢就会发现，原来学习文言文也并不是一件太痛苦的事，在文言文的课堂上也可以有许多新鲜有趣的收获。

2. 认真听讲。

如同学习任何一样东西，课堂上的认真听讲也是学好古文所必不可少的。关于课堂上听讲的重要性，我们在本书前面的章节中已经做过详细的论述，这里就不再赘言了。下面我们着重谈一下针对古文学习同学们在课堂上应该如何具体地听讲，以及重点应听些什么。

(1) 听示范，包括听录音示范、教师朗读示范等。不少学校在上古文课时都会先由老师播放一遍课文的录音或者朗读一遍课文，然后才开始对字、词、句、段进行逐步地分析。标准规范的朗读不仅可以达到正音、断句的目的，而且也是初步了解课文语言、感情的过程。因为示范性朗读特别是一些播音艺术家的朗读，都是字斟句酌，在深入领会文章主旨的前提下进行的二度创作。听高质量的示范朗读可以让同学们在听讲前对课文中的一些

时间的步伐有三种：未来姗姗来迟，现在像箭一样飞逝，过去永远静立不动。

——席勒

经典句子留下印象，从而为后面的正式听讲做好铺垫。

（2）听讲解，就是听老师上课讲解。老师的讲解包括作者生平、写作背景、字词意思、语法句式、文言现象、篇章结构、思想主旨等方面的内容，它们会让同学们更加快速准确地理解文章的思想内容和艺术特点。古文的学习除了要培养兴趣外，本身也是一个长期积累的过程，因此同学们要善于抓住老师在课堂上讲的每一个小点，比如某一个字的古今词义变化、某一个句子属于何种文言现象等。只有不忽视细小的知识点，一点一滴地逐步积累，大家才能在不断地学习中慢慢掌握古文的一些特点，从而能够较为轻松地阅读和理解古文。

3. 抓住关键。

古文的学习虽然对于刚接触它的同学来说具有一定的困难，但绝非没有规律可循。一般来讲，学习一篇古文，老师都是着重讲文中重点字词的意义、用法，重点句子的句式结构，以及新出现的文言现象等内容，这些是帮助大家顺利通读并且理解文章的关键，不跨过这些“障碍”，深层次的思想内涵、艺术手法等根本就没有办法去把握。因此，同学们在听课中必须要牢牢抓住这些关键性的板块，集中精神听好对每一点的讲解，并且力求把每一小点都搞懂搞透，达到再遇到相同或相似的现象时能立马准确地予以解释的地步；而对于与此关系不大的例如作者逸事等内容的介

时间，每天得到的都是24小时，可是一天的时间给勤勉的人带来智慧和力量，给懒散的人只留下一片悔恨。

——鲁迅

绍，则可以相对少投入一点精力，只需知道有这么一回事就行了。

古文的学习是一个相对比较艰难的任务，尤其对于刚接触它的同学来说。但只要掌握了其中的规律，把握住了学习诀窍，它也会变得轻松和容易起来。

第四节　如何上好听力课

英语听力的目的是考查同学们理解口头英语的能力，它要求同学们能在所学语言范围内听懂用正常语速谈论日常生活的内容，能听懂没有生词、题材熟悉、难度略低于所学课文的语段。

英语听力主要侧重于对话理解和短文理解。对话理解是考查同学们对一定语境或情景所表现出的快速反应和推理判断能力；短文理解则是在此基础上考查同学们对一个结构比较完整、意义相对连贯的语段的理解能力，是一种高层次、有难度的听力测试形式。

多听是增强语感之本，是提高听力的前提，但如何去听，如何获得准确的信息，则就不是多听所能解决的问题了。因此，上好英语听力课，掌握正确的听力方法，掌握必要的听力技巧以及对策，是提高英语听力的有效途径。

那么，同学们怎样才能上好听力课呢？

首先，培养良好的听力习惯。

时间就是生命，无端的空耗别人的时间，其实无异于谋财害命的。

——鲁迅

（1）利用听录音前的时间，迅速地捕捉每个小题题干选项所提供的信息，预测短文或对话可能涉及的内容，这样听录音材料时就有的放矢，有所侧重，提高答题的准确率。

（2）集中精力，紧跟说话人的思路，边听、边理解、边记录、边推测、边选择，快速反应。克服犹豫不决的毛病，对自己有把握的试题应快速作答，对无把握的试题也要在所听信息的基础上排除错误选项，进行优化处理。不会作答的，立即暂时搁置，准备听新的题目。注意重复的词语，这些词通常会给你一些线索，还会帮你回忆起你在题目中听过的人名和事物等名称。

（3）目前各种听力测试中短文理解大部分是记叙文或讲话稿，所以听录音时重在听懂每句话的意思和内涵，注意捕捉文中所涉及的人物（who）、事件（what）、时间（when）、地点（where）、原因（why）、方式（how）、程度（how long，how soon，how much）、数字（how many/how much）、选择（which…）等，以便检查答案。

（4）注意听短文的首句和首段。文章的起首句段，往往是对短文内容的概括，如讲话目的、主要内容、作者、论点、故事发生的时间、地点及事由等，这些往往都是题目所要考察的重点。

（5）不管听什么材料，注意力一定要集中在对整体内容的理解上，千万不能只停留在个别单词或单句上，听不清时马上放

时间是衡量事业的标准。

——培根

弃，不要强迫自己听清每一个词，要把重点放在听关键词即实词上，一边听一边把要点及回答问题的关键词记下来。碰到没听懂的地方不要着急，重要的是听懂全文，正确回答问题。遇到此种情况时，要毫不迟疑地跳过难点，紧跟下文。对话中的重要词句也许还会再以其他形式或在其他背景下重现。

(6) 注意“男女”。听力测试中常有像“What does the man mean?”、“What happened to the woman?”等题目，要求考生把握对话中人物的相关信息，如果只听“内容”，不分“性别”，自然会顾此失彼，所以应当做到“抓（录音）信息，辨（男女）声音”。

其次，掌握具体的听力技巧。

(1) 抓住中心，理解全文。捕捉听力材料中的关键信息，可以帮助同学们快速抓住要点，领会大意，提高听力理解的效率和准确率。有的同学在听力过程中力求听懂每个词语，在未能听懂的干扰信息上停留过多，而忽略了对材料整体信息的领会，导致答题时茫然失措。其实，在听的过程中，同学们不应该期待全懂，尤其是短文部分，要敢于大胆地放弃模糊信息并能从心态上容忍模糊和不完整性。若执意追求听懂听清每个字词，一旦遇到障碍，便会影响随后内容的听辨。所以，若遇到类似情况，切忌停留思考，而应将注意力集中在领会大意，捕捉信息上，并充分利用上下文进行合理地推测。

辛勤的蜜蜂永没有时间的悲哀。

——布莱克

（2）学会预测。

①题内预测。一段录音材料一般设计 2 ~ 3 个问题，这些问题往往形成了一个信息链，大家可以从中预测听力测试的内容，有时甚至问题本身就泄露了“秘密”。请看下例：

请听第 7 段材料，回答第 8 ~ 10 三个小题。

8. What happened to Tom and Paul?

A. Tom's brother was lost.

B. Suddenly Paul fell down the well.

C. Tom fell down the well out of carelessness.

9. How deep was the water in the well?

A. Five feet.　　B. Four feet.　　C. Three feet.

10. What did Paul do with the rope?

A. He jumped into the well with it.

B. He put one end round a tree and threw the other end to Tom.

C. He put one end round him and threw the other end into the well.

从第 9 题可以感知录音材料在讲述“掉井事件”，从第 10 题可以感知在井下，于是我们可以预测第 8 题答案为 C。

②声音预测。录音材料中 speaker 的声音常可透出或高兴或

时间就像海绵里的水，只要愿挤，总还是有的。

——鲁迅

焦虑等心情，同学们可从中预测到对话可能发生的地点或场景。同时，录音材料中的敲门声、电话铃声等背景音也可帮助同学们预测场景。

③发挥联想。同学们有时可能过于关注某些细节，或者受到其他干扰未能很好地把握录音内容，这时可以根据已知信息进行联想、推断，从而做出可能的补救，请看下例：

问题：What's wrong with Mrs Johns?

A. She's got a toothache.

B. She's got a headache.

C. She has a pain in her ear.

材料：W：Hello, Mr Jackson.

M：Hello, Mrs Johns. Come in and sit down. What's the matter?

W：I have a pain in my tooth.

M：Do you often have this pain?

W：No, I don't…

对于该录音，部分同学可能过多关注人物之间的相互寒暄而忽视了其他内容。再者，对话中“What's the matter?”的答语只有一句“I have a pain in my tooth”，而tooth这个词的发音又不太响亮。受此干扰，一些同学很可能只听到一个半截［tu:］。但我

时间是人的财富，全部财富，正如时间是国家的财富一样，因为任何财富都是时间与行动化合之后的成果。

——巴尔扎克

们可以从“发音”角度展开联想。凭着听到的这个［tu:］，比较答案A中的toothache，答案B中的headache和答案C中的ear，只有答案A与［tu:］相关，故选A。

(3) 善于速记，以防遗忘。听力训练是时间性很强的活动。听力材料在规定的时间内播放完毕，大家必须在很短的时间内进行理解、判断并做出反应。面对篇幅较长的对话或语篇，单纯地靠大脑记忆材料的细节是非常困难的，此外，人脑在高度紧张的状态下记忆功能也会受到影响。所以，听力的测试有时不仅是简单的细节取舍，还要大家进行信息综合，如时间，价格的计算，年龄及年代的推算或人物关系比较等。

对于涉及时间、地点、人物、事件和数字等因素较多的材料，同学们往往听时清楚，听后模糊。考的没记住，记住的又未考。这就需要同学们手脑并用，将相关的内容速记在纸上，听后再对照选项确定答案。

(4) 抓住复听的机会，重点听第一次未能听懂、听清或漏听的地方，迅速查缺补漏，做到及时的更改和填补漏失的信息。

听力测试是外语学习中各种技能的综合运用。要取得好的成绩，除了要了解听力的题型特点、对同学们能力的要求，还需要具有扎实的基本功，养成良好的听力习惯，掌握一定的听力技巧，训练快速的语言反应并掌握一定的文化背景，做到眼、耳、

有时间增加自己精神财富的人才是真正享受到安逸的人。

——梭洛

手、脑的和谐统一，这样才能最终提高听力理解的水平。

第五节　如何上好实验课

众所周知，物理、化学、生物是以实验为基础的学科。实验能激发起同学们的学习兴趣和愿望，使大家具有课题意识，明确学习目的，充分运用必要的已有经验和认识，运用已学会的学习方法，并在运用的过程中有所发现，有所领悟，同时培养大家的观察能力、动手能力、思维能力。

然而，在真正上实验课的时候，同学们往往会碰到许多问题，如对实验不熟悉，急着想做实验而无从下手；在实验过程中往往由于对实验仪器的好坏以及精确程度不是很清楚而难以正确操作；在一些电学实验中又涉及电路的连接问题等，都会影响实验的效果，最终导致实验的成功率不高。如果实验失败了，就会导致实验效果的丧失，这样不仅不能借此引发大家对实验的兴趣，反而会降低大家的学习热情。所以上好一堂实验是非常重要的，但却又是非常不容易的。

那么，怎样才能上好一堂实验课呢？

第一，大家对所要做的实验要进行预习，做到心中有数。知道要做的实验是探索性实验还是验证性实验，在做实验之前能自

没有方法能使时钟为我敲已过去了的钟点。

——拜伦

己设计好怎样做该实验，培养自己的创造力。

第二，大家在实验的前期要先进行自我设计，再比较课本所提供的实验方案，然后列出正式的实验计划，这样同学们在实验前对于实验器材的作用以及步骤的安排才能有更加深刻的体会。

第三，大家在实验过程中要充分发挥主体作用。实验的重要意义就是应当有利于激发同学们的创造性，活跃大家的思想，同时也应当创造有利于大家个性发展的和谐环境。而传统的教育思想是老师讲，学生是被动接受的容器，这只能窒息、扼杀学生的创造精神。所以同学们要把自己摆在主人的地位，在积极的课堂氛围的激励下去发现、创造，从而有所收获。在这种气氛下也能培养同学们积极的乐观向上的精神状态。

第四，写好实验报告。实验报告有下面几项组成：

（1）实验目的。说明为什么要做这个实验，以及完成这个实验的重要性。

（2）实验内容。实验项目的列表。

（3）实验步骤、出现的问题及解决方法。纪录实验中每一个环节，对出现的问题进行描述、分析和尝试解决，如果无法解决的，提出一个解决的思路或者说明无法解决的原因。

（4）实验结果、实验分析与体会，对实验进行总结。

正如一位国外教育家所论述的：“学生在课堂上不仅应掌握

抛弃时间的人时间抛弃他。

——莎士比亚

一定数量的知识，而且应该努力设法通过学习材料表现自我。这就是展示自身力量的审美积极性的源头。”当大家的积极性被充分调动起来的时候，当大家处于发现和创造的氛围之中的时候，当大家自己用心去体验、去发现、去创造的时候，大家的知识和能力就会得到迅速的充实和提高，实验课的目的也就能真正地达到。

第六节　如何上好观察课

观察，观察，再观察。——巴甫洛夫

观察与经验和谐地应用到生活上就是智慧。——冈察洛夫

一切推理都必须从观察与实验中得来。——伽利略

观察对于儿童之必不可少，正如阳光、空气、水分对于植物之必不可少一样。在这里，观察是智慧的最重要的能源。

——苏霍姆林斯基

观察是培养同学们自觉地、有预期目的地认识和理解外在事物的一种感知活动，是同学们获取感性材料，认识世界，增长知识的重要途径。它不仅可以培养大家敏锐的观察力，同时还可以激发同学们丰富的想象力和创造性思维，从而推动整个学习的进程。

观察课是自然课的一种主要课型。质疑、观察、研讨这三个环节是上好观察课的关键。

黄金时代在我们面前而不在我们背后。

——马克·吐温

1. 质疑

有位名人说过：真理诞生于100个问号之后。同学们有了疑问，就会产生研究大自然奥秘的浓厚兴趣和无限热忱。物理学家牛顿研究地球的引力也正是从苹果为什么落地这一疑问开始的。可见“疑”能产生动力，“疑”孕育着发现。所以，善于质疑，是上好观察课的首要环节。

2. 观察

培养同学们的观察习惯和观察能力，是观察课的一项重要任务。同学们在观察课上要养成观察的习惯，掌握一定的观察常规。

(1) 要明确观察的目的和对象，要为解决问题去观察。如当“青蛙为什么既可以在水中游泳，又可以在陆地生活”的问题产生后，同学们就要在老师的指导下认真观察青蛙适应水、陆两栖生活的身体特点；研究蝌蚪在水中怎么没有被淹死时，大家要根据观察鱼的经验，推测蝌蚪是用鳃呼吸的。这样带着问题去观察，目的明确，注意力集中，观察的指向性强，效果也就自然比较好。

(2) 要掌握观察的方法。观察方法主要包括观察方式和观察顺序。观察方式主要有以下几种：

①直接观察。如研究青蛙的身体特征，就直接观察青蛙。研究哺乳动物和鱼的身体可以分为哪几部分，就直接观察哺乳动物和鱼的身体。

> 普通人只想到如何度过时间，有才能的人设法利用时间。
>
> ——叔本华

②对比观察。一般说来，找两个物体的共同点或不同点时，就要采用对比观察的方法；对一个事物拿不准的时候，也要采用对比观察的方法，找一个和它类似的拿得准的事物来和它相比。如要认识莲的茎，就应该先观察所认识的茎有什么特征，再观察莲。

③解剖观察。如观察花和果实的构造、鱼鳔的作用等，就要通过解剖后观察其内部结构。

④结构与功能结合进行观察。自然界生物各器官的构造与其功能是密切联系的，如果实的外部特征与种子的传播方式，动物的牙形与它的食性，动物的脚与它的生活环境及运动方式等。了解它的功能就可以推想到它的结构；观察了它的结构，也就可以推想到它的功能。结合功能观察结构，可以使认识更深刻。

观察顺序主要有以下几种：

A. 方位顺序。如参观气象站、观察星座等。

B. 结构顺序。如机械的组成、花的构造等。

C. 整体到部分的顺序。如观察哺乳动物、鸟、青蛙时，都是先从整体上观察，看它身体可以分为哪几部分，再分别观察它各部分有什么特点。

D. 发展的顺序。如观察蚕的生长变化、向日葵的生长、种子的繁殖等。

E. 善于把握观察重点。如观察鸟的行走、吃食、身体特点、

即将来临的一天，比过去的一年更为悠长。

——福尔斯特

喙和脚等，可以根据教学内容有重点地观察其中的某一项。

F. 要学会做观察记录的方法，养成做观察记录的习惯。自然事物的发展都具有规律性，只有长期观察，认真记录，才能积累经验，认识规律。因此，课后的观察记录切不可忽视。

3. 研讨

研讨是使认识深化的主要过程，也是概念形成的过程，组织研讨既困难又重要。

如研究植物的茎，同学们通过分别观察竹子、蓖麻、狗尾草的茎，找出它们各自的特点。研讨时大家通过比较找出这几种茎的共同特点，将非本质特征一一排除，找到茎的本质特征。在研究果实时，大家可以把苹果、梨子切开后细心观察，在观察的过程中分别记下各自的特点；研讨时，通过对比找出共同特点，快速抓住果实的本质特征。通过这样的研讨，大家不仅求得了科学的结论，而且还学会了初步的抽象概括的方法。

第七节　如何上好习题课

习题课是老师根据教材的内容和同学们掌握知识的要求，在课堂上所进行的以讲解练习题为主的一种课型。通过习题课，同学们可以进一步深化、活化基本知识与基本技能，达到牢固掌握概念、深刻理解规律的目的，提高运用知识分析问题和解决问题

完成工作的方法是爱惜每一分钟。

——达尔文

的能力，实现知识的飞跃。

那么，如何才能上好习题课呢？

1. 注重基本知识点，培养思维的严谨性。通过老师对典型例题的讲解，同学们应及时地巩固基本概念，总结解题方法，归纳解题过程中运用的知识点。同时重视老师对解题过程的分析，弥补自己知识上的不足。

2. 开拓解题思路，培养思维的广阔性。在老师讲解习题时，同学们应积极思考，寻求一题多解，培养思维能力。另外还要善于寻求解题规律，从中发现老师解题时的思维过程。

3. 重视典型错误，培养思维的批判性。针对自己做错的题目，同学们在老师讲解的时候要认真分析错误的原因，跟随老师的思路探讨正确的方法，培养自我评价和判断能力。

4. 探索开放性，提高思维的积极性。同学们在课上要善于观察，善于发现与以前遇到过的题目特征相似的新题，在解题时可以互相借鉴。通过大胆地类比、猜想，果断地选择解题的突破口，培养自己的观察能力和探索精神。

5. 趁热打铁，进行变化训练，培养思维的深刻性。在老师讲过一道习题后，同学们可以试着变更原题的条件或结论，然后再对照老师发现问题的思路思考解新题的方法，通过这种方式培养自己逆向思维的能力，力求做到举一反三。

敢于浪费哪怕一个钟头时间的人，说明他还不懂得珍惜生命的全部价值。

——达尔文

6. 勤于总结，培养思维的永久性。在老师讲过一道习题后，同学们要反思整个的解题过程，理清老师的解题思路，并且归纳、总结此类题目的解题方法，力求使知识、方法具有系统性。

习题课在整个教学过程中起着重要的作用。同学们应该像对待讲解新课那样，认真上好每一节习题课。

第八节　如何上好复习课

复习课是在新课讲授结束后，老师为使同学们消化巩固知识点、归纳总结教学内容或矫正学习中的偏差等采取的一种教学手段。按种类一般分为阶段复习（如章节复习）、期末复习、综合总复习、专题复习等形式。上好复习课，对同学们系统学好教学内容，发展思维能力，都是极为重要的。

那么，怎样才能上好复习课呢？

1. 要抓住复习课的原则。

（1）自主性原则。在复习过程中，同学们要充分发挥自主性，积极、主动地参与复习的全过程，特别是要参与归纳、整理的过程，不要用老师的归纳来代替自己的整理。在复习中，大家要梳理知识，寻找规律，判断错误，充分调动学习的积极性和主动性，动手画、动脑想、动手做，激发起学习的兴趣。

（2）针对性原则。复习必须抓住重点和易错点，注重实效。

不要为已消尽之年华叹息，必须正视匆匆溜走的时光。

——布莱希特

在复习过程中，同学们要针对自己存在的问题，紧扣知识的易混点、易错点进行针对性地强化训练，做到有的放矢，对症下药。

(3) 系统性原则。在复习过程中，同学们必须根据知识间的纵横联系，系统规划复习和训练内容，使所学的分散知识系统化。同时要善于抓住各块知识间的相同点，多采用类比的方法来进行复习。

2. 要把握复习课的操作程序。

(1) 回忆。大家要回忆所学的主要内容，将过去学过的旧知识不断提取、再现。回忆是复习课不可缺少的环节，大家应在老师的引导下，通过看课题回忆所学的知识，看课本目录回忆单元知识。回忆时，可先粗后细，根据复习提纲进行系统的回忆。

(2) 清理。“清”的过程是梳理、沟通的过程，是将所学知识前后贯通，把知识进行系统化的过程。大家应在老师的指导下对所学的知识进行梳理、总结、归纳，理清知识线，进行从点——线——面的总结，做到以一点或一题串一线、联一面，特别是要注意知识间纵横向联系和比较，构建知识网络。

3. 分析。

大家要针对单元中的重点内容和自己的疑难进行进一步的分析，解决重点、难点和疑点，从而能够全面、准确地掌握教材内容，加深理解。

不要老叹息过去，它是不再回来的；要明智地改善现在。要以不忧不惧的坚决意志投入扑朔迷离的未来。

——朗费罗

4. 练习。

大家应选择有针对性、典型性、启发性和系统性问题进行练习。通过练习，同学们可以提高运用知识解决实际问题的能力，发展思维能力。练习时，要注意算理、规律和知识技能、知识间的纵横联系，抓住一题多解或一题多变，做到举一反三，通过练习不断受到启发，在练习中进一步形成知识结构。

5. 评价。

对复习的结果，大家要进行评价与反馈。通过评价使自己获得一种成功的体验或紧迫感，从而强化或激励自己好好学习，并进行及时的调控，改进学习方法。

真正上好复习课并不是一件轻而易举的事。如果不认真安排、精心设计，就达不到预期的效果。在复习课上大家要分清主次，认真听讲，提高学习的兴趣，并对学过的内容进行有机的整理，使之成为一个有序的系统。这样上复习课，才能收到良好的效果。

只要我们能善用时间，就永远不愁时间不够用。

——歌德

第五章　课堂笔记，助你进步

“好记性不如烂笔头”。课堂笔记不仅能加深同学们对课堂内容的理解和记忆，还可以帮助大家更好地抓住知识脉络，形成知识体系。那么，课堂笔记都该记些什么呢？有哪些常用记法？课堂上记的笔记该如何进行整理？记课堂笔记又有哪些要求和注意事项？所有这些精彩内容，都需要同学们来认真参考和仔细回味。

第一节　为什么要记课堂笔记

1981 年，美国心理学家巴纳特以大学生为被试者做了一个实验，研究了做笔记与不做笔记对听课学习的影响。大学生们学习的材料为 1800 个词的介绍美国公路发展史的文章，以每分钟 120 个词的中等速度读给他们听。把大学生分成 三组，每组以不同的方式进行学习。甲组为做摘要组，要求他们一边听课，一边摘出要点；乙组为看摘要组，他们在听课的同时，能看到已列好的要点，但自己不动手写；丙组为无摘要组，他们只是单纯听讲，

书籍使一些人博学多识，但也使一些食而不化的人疯疯癫癫。

——彼特拉克

既不动手写，也看不到有关的要点。学习之后，对所有学生进行回忆测验，检查对文章的记忆效果。实验结果表明：在听课的同时，自己动手写摘要组的学习成绩最好；在听课的同时看摘要，但自己不动手组的学习成绩次之；单纯听讲而不做笔记，也看不到摘要组成绩最差。

在一次实验中，让一批学生听一堂课，数星期后对他们进行了一次测验。结果表明，那些课堂上做过摘录笔记的，平均得分是65分，而没有做过摘录笔记的，只得25分。

一班学生边听一段课文，边做笔记。一星期后，让他们尝试记述内容。结果发现，他们回忆笔记内容的能力，是回忆笔记以外资料能力的6倍。

有的同学认为，反正教材上什么都有，上课只要听讲就行了，没必要记课堂笔记。

上面的材料表明，对于同一时段的学习材料，做笔记的同学比不做笔记的同学成绩要好。这是为什么呢？

做笔记的好处可以概括如下：

1. 记笔记有助于指引并稳定同学们的注意。要想在听课的同时记好笔记，必须要跟上老师的讲课思路，把注意力集中到学习的内容上，光听不记则有可能使注意力分散到学习以外的其他方面。

> 在读书上，数量并不列于首要，重要的是书的品质与所引起的思索的程度。
>
> ——富兰克林

2. 记笔记有助于对学习内容的理解和学习能力的提高。记笔记的过程也是一个积极思考的过程，可调动同学们的眼、耳、手、脑一齐活动，使大家的感觉器官和思维得到综合训练，锻炼逻辑思维能力，促进对课堂讲授内容的理解。

3. 记笔记有助于对所学知识的复习和记忆。俗话说，好记性不如烂笔头，一堂课下来，即使是再聪明仔细的同学，最多也只能回忆课堂内容的大概结构，大部分细节很快就会淡忘，特别是那些资料性比较强的内容（如图表、数字、公式等）更容易被遗忘。如果在听课的同时记下讲课的纲要、重点和疑难点，用自己的语言记下对所学知识的理解和体会，这样对照笔记进行复习时，既有系统、有条理，又觉得亲切熟悉，因而复习起来，事半功倍。

4. 记笔记有助于积累资料，扩充新知。笔记可以记下老师在课堂上讲授的而书本上没有的一些新知识、新观点。这样不断地积累，可以使大家获得许多新知识。

5. 记笔记有助于提高同学们应用文字的能力，锻炼速记的本领。

6. 记笔记有助于省去同学们考前突击查资料、重新思考、临时归纳所花的时间，可以起到事半功倍的效果。

笔记是积累知识的必要手段。人的记忆力毕竟有限，不可能把所有重要的资料都装入大脑仓库，即使是暂时记在心里，要对

读书而不能运用，则所读的书等于废纸。

——华盛顿

每一项内容都达到长久记忆也是非常困难的。及时地做好课堂笔记，不仅可以弥补大脑记忆的缺陷，而且是积累知识、学有所成的一种十分奏效的方法。

第二节　怎样记好课堂笔记

为了使同学们加深对知识的理解和记忆，便于课后复习巩固新知识，同时培养记笔记的能力，大家在课堂听讲的过程中要学会记笔记，这也是听好课、提高学习效率的一种学习方法。

课堂笔记既然很重要，那么，怎样才能记好课堂笔记呢？

记好课堂笔记的方法很多，具体说来是“仁者见仁，智者见智”。总结其中的共性，大约如下：

1. 做好记笔记的准备工作。笔记本是必不可少的。最好给每一门课准备好一个单独的笔记本，不要在一个本里同时记几门课的笔记，这样会很混乱。准备两种不同颜色的笔，以便通过颜色突出重点，区分不同的内容。

2. 要用笔记。不要依靠录音机，录音机虽然能将老师讲的内容全部记下来，但自己没参与记的过程，做笔记的好处已无法体现。录下来的内容复习起来也太费时、费力。

3. 不要吝啬纸张。每页的上下左右，都要留适当空间，以便

你知道得很多，但如果你不把你的知识用于你的需要，那就没有什么用处。

——彼特拉克

温习时加上自己的心得、疑问或者其他补充资料。此外，绘图要大而清楚，论点之间要有充足的空位，以增强笔记的“视觉效果”，便于温习。

4. 要层次分明，一目了然。好的笔记，让人一看就知道这一节课解决了哪几个问题，重点是什么，难点是什么。因此记录内容一定要有条理，有层次，分段分条记录。不要将几个问题掺杂在一段文字中。

5. 要提高书写速度。书写速度太慢，势必会跟不上讲课进度，影响笔记质量。要学会一些提高笔记速度的方法。笔记通常都是只给自己看的，因而不必将每个字写得横平竖直、工工整整。可以潦草地快速书写；可以简化相同的字和词。但要注意不要过于潦草、过于简化而使自己也看不懂所记的内容是什么。

6. 在笔记遗漏时，要保持平静。上课时，如果有些东西没有记下来，不要因为担心或是惦记着漏了的笔记而影响记下面的内容。可以在笔记本上留下一定的空间，课后求助于老师或同学，把遗漏的笔记尽快补上。

7. 要准确记录。知识的第一印象很难改变。所以，做笔记时，资料一定要正确，如抄板书时，不要错漏。此外，下课后，从头到尾阅读一遍自己写的笔记，既可以起到复习的作用，又可以检查笔记中的遗漏和错误。将遗漏之处补全，将错别字纠正，

整个的生命是日子的问题。只有那该死的梦想家才会把自己放在虚无缥缈间，而不去抓住眼前飞逝的光阴。

——罗曼·罗兰

将过于潦草的字写清楚。同时将自己对讲课内容的理解，自己的收获和感想，用自己的话写在笔记本右侧空白处。这样，使笔记变得更加完整、充实、完善。

课堂笔记是学习的总结和知识点的概括提炼。记好了课堂笔记，可以大大方便同学们的复习，便于形成有效的知识系统和结构。记好课堂笔记，是迈向学习成功的开始。

第三节　课堂笔记记什么

最近，小华在老师的要求下开始记课堂笔记，可是，面对每节课老师几十分钟的讲解，他感到自己无从下手。全记吧，那么多话他根本记不过来；不记，老师课后又要检查。到底课堂笔记应该记些什么？他陷入了迷茫之中。

记好课堂笔记是搞好课堂学习的重要一环，可是，像小华这样不知道课堂笔记究竟应该记些什么的却大有人在。的确，一节课 45 分钟，老师嘴里讲的、黑板上写的往往非常多，要把它们全部记录下来是不太现实的；另一方面，老师在课上讲的知识点却又包含在这些话语和板书之中，不记录就很难掌握它们。因此，如何选择课堂上记录的内容就成了记课堂笔记的关键。

那么，课堂笔记都应该记些什么呢？

> 我们将永远得不到更多的时间，我们拥有，事实上我们老早就有了所有存在的 24 小时。
>
> ——卡耐基

1. 记提纲。

有的同学反映，课堂上记笔记，常常感到听了来不及记，记了来不及听。其实，没必要记下所有的东西，课堂笔记应详略得当，提纲挈领。记好提纲，使得一部分内容学下来后，觉得脉络清楚，然后可根据提纲进行回忆、补充。

记提纲也有个度的问题，如果部分内容先前进行了预习或在适当场合下接触过，在记录时可以言简意赅，点到为止。如果是新学内容或较难理解的内容就应适当详细些，特别是一些经典的解释，更应不失时机在提纲下注解。有了恰当的提纲，在整理笔记时就可以进行补充和完善，加深对相关内容的理解和把握。

2. 记思维。

一般来说，解一道题，从题意分析，方法探讨，策略构建，到过程表达，结果检验等，是个复杂的过程。滴水不漏地做好记录，时间上不允许，也容易造成记了来不及思考、顾此失彼的局面。所以，记思路是切实有效的，有了思路，就像航海时有了航标灯，自然就有了前进的路线和方向。

记思路也要因地制宜，如果对于一个难题，听了或看了仍头绪不清，难以理解，这时，记思路就应该详细些，并记好结论，方便复习和思考。

所有的好书，读起来就像和过去世界上最杰出的人们的谈话。

——笛卡儿

3. 记重点。

对一个学生来说，怎样把握学习中的重点。的确是个比较困难的问题，要想记笔记时突出重点，需要有个积累经验和体验方法的过程。

首先要关注开头和结尾。开头虽寥寥数语，却是言简意赅，全盘托出重点。所以同学们在开头时就应该明确提纲、把握重点，记录时就有的放矢。结尾虽话语不多，却是这节内容的精彩提炼和复习巩固的提示。另外还要高度关注老师反复强调的内容。重点内容在课堂必会得到反复的强调，有时老师会把有关内容框出、划出，或者用彩色笔写出以求引人注目，突出重点。明确了重点，大家的记录就能详略得当，泾渭分明。在记录重点时，也要不失时机记下有关解析内容的经典范例和突破重点的巧思妙解。

4. 记疑难。

在学习过程中遇到疑难是很正常的。遇到疑难表明新学的知识或方法有所超越，如果同学们能发现困难，并克服困难，那无疑是一次进步。记疑难是做笔记的一个重要内容，无论在自学或上课的过程中，发现疑难要不失时机地记录，因为疑难一般是在学习新知识或进行问题探究过程中产生的，是前进中的困惑，它会一闪而过，如果不及时记录，就会莫名其妙地遗忘，导致无形

读书对于智慧，就像体操对于身体一样。

——爱迪生

的损失。

记录了疑难，就明确了困难的方向。这个时候应知难而上，及时各个击破解决困难，获得进步。千万不能把问题积累，因为困难积累得多，会让人丧失克服困难的信心，失去学习的激情。

5. 记补充。

在教学过程中，老师经常会补充一个经典的例题或恰当的比喻来引入概念、突破难点、强化重点、说明方法或优化思维。有的会让大家恍然大悟，有的会让大家回味无穷。记下补充的内容，用到的时候可以信手拈来，使得大家在学习的过程中，发挥这些补充内容的功能，把知识理解深刻，把方法掌握牢固。

教材是纲，教材是本，教材内容高度浓缩，简明扼要，点到为止。同学们在学习过程中遇到困难在所难免，恰当补充些内容是必要的。同学们应一方面记下课堂上老师补充的内容，另一方面，在自学其他的参考书时，也应收集并记录好的案例，多管齐下，使学习的内容丰满而精彩。

6. 记总结。

会学习的同学总是可以把学习内容先由薄到厚，再由厚到薄。由薄到厚，是学习者不断思考补充、发问的过程；而由厚到薄，就是学习者不断归纳和总结，明确重点、难点和关键，形成知识网络的过程。

生命是短暂的，空余时间很少，因此我们不应把一刻空余时间耗费在阅读价值不大的书籍上。

——罗斯金

每节课听下来，老师都会归纳或引导同学归纳所学知识的精髓，达到高度概括，简明扼要的程度。同学们应该记录好这些总结的内容，使所学的相关内容变得一目了然。如果自己能给出言简意赅的总结，说明这部分知识已经得到了深刻理解，方法也掌握得游刃有余了。

7. 记感悟。

学习可以分为三个层次，第一是“懂”，就是听懂老师讲解的内容或看懂书上的有关内容，这是学习要达到的初级层次。第二是“会”，需自己动手，动脑进行模仿练习和实践。第三是“悟”，就是对所学知识悟出道理来，对所训练的方法悟出规律来，从本质上进行把握，这是学习的高级层次。

感悟也分多层次的。可以从学习每段内容的体会开始，有则多写，无则少写，然后对有关方法进行归纳总结，并进行点评，还要对重点突破和难点诠释的方法途径进行回顾。长期坚持，就能形成习惯，提升感悟的层次，把握要点，掌握精神实质，促进方法的形成，提高思维能力。

俗话说：“学习有法，学无定法。”上面仅是对做好笔记作了一些初步的总结。课堂教学本身是丰富多彩的，由学生、教师、教学媒体、课程资源等有机构成的每一节课都是不同的。课堂上，大家对同伴发言中独特的见解、精彩的地方可以随手记下

从来没有人为了读书而读书，只有在书中读自己，在书中发现自己，或检查自己。

——罗曼·罗兰

来；在学习特定知识时受到的启发可以记下来；“灵感”来了可以记下来；在动手操作中，有什么体会、感受，也可随手记下来……总之，课堂笔记的形式是多样的，也是个性化的，同学们应该根据自己的情况自主地选择，从而有效地促进知识与技能、过程与方法、情感态度与价值观三方面目标的融合与实现。

第四节　提高课堂笔记的记录速度

记笔记虽然重要，可是听好课才是最关键的。实践证明，上课时，学生用 90% 的注意力集中听讲，并积极动脑思考，用 10% 的注意力作简要的笔记，学习效果最佳。为了缩短记笔记的时间，争取更多的时间听课，有必要设计一种课堂速记法。

怎样速记课堂笔记呢？

1. “索引式”速记。老师讲授的有些内容是有出处的，如果遇上这种情况，则不必详记，只需记下这些内容的出处便可，课后利用空余时间补抄进笔记本也不迟。

2. “提纲式”速记。借用教师的板书，自己循着讲课人的思路，设计一个内容提纲，作为听课笔记。

3. “首尾法”速记。对一些可以推测其意思的长句，只记句首一词。如记《一件小事》的中心思想，可以记为：“叙述……

爱好书籍的人，决不会缺乏真实的朋友、有益的顾问和愉快的伴侣。

——伯洛

歌颂……表现……”因为具体内容可以从课文、听课、课后练习中得以了解、补充。

4. “浓缩式”速记。即一边听课，一边敏捷地概括、提炼老师的话，变多为少，变广为精。

5. “符号法”速记。做笔记时，总有一些词语和句子是反复使用的，这些基本概念和术语可以用自己规定的符号代替，做到一看符号，便知其意。

例如：用“~”符号代表重复前面的部分内容；用“物性”表示物理性质、“化性”表示化学性质、“Δ”表示加热、“▽”表示点燃、“g”表示气体或克、“L”表示液态、“S”表示固态或溶解度、“ml”表示毫升、“S. P. T”表示标准状况、“atm.”表示标准大气压、“↑”表示气体、“↓”表示沉淀、“↗”表示升高或增大、“↘”表示降低或减少、“∝”表示催化剂等等。但是值得注意的是，自己设计的符号只限于在自己的笔记中使用，不能搬到作业和考试的答卷中去。因为那些东西，也许只有记笔记的人一个人能看懂。

另外，做笔记时也可以借用自己所知道的其他学科的符号，如：“>”、“<”、“≥”、“≤”、“=”等。笔记中为提示重要的内容，也可以用速记符号，如醒目线、星号、勾号（√）和其他符号，或用不同颜色的笔，把老师告诫的常会出错的项目或他

不要把学问看做是用来装饰的王冠，也不要把学问看做是用来挤奶的奶牛。

——列夫·托尔斯泰

还会讲的地方标出来。

速记的方法多种多样，没有一定的标准，只要简捷方便、自己能够看懂就行了，不必照搬别人的记法。

第五节　课堂笔记常用记法

记课堂笔记的方法很多，主要有以下几种：

1. 5R 笔记法，又叫做康奈尔笔记法，康奈尔是产生这种笔记法的大学校名。几乎适用于一切课堂讲授或阅读笔记。

← $\frac{1}{3}$ →	← $\frac{2}{3}$ →
（简化，概括课堂笔记）	（详记课堂讲授内容）
（回忆栏）	（主栏）

简单概括起来，5R 笔记法分如下几个步骤：

(1) 准备。就是按上图，用一大型活页笔记本来做。活页制法很简单，在每一页离左边起占全页宽度近 1/3 处画一竖直线，左边称为回忆栏，右边是主栏，课堂笔记写在主栏中。用活页形式是为了便于使用者按照记载年月日的顺序插入讲义、作业等。笔记本的型号要大，以提供足够的空地方供使用者逐步做有意义的记录，如记载例子、画图解释等。笔记只记在每页的一面。

阅读一本不适合自己阅读的书，比不阅读还要坏。我们必须学会这样一种本领：选择最有价值、最适合自己所需要的读物。

——别林斯基

（2）记录。在主栏中记成简单段落形式的课堂笔记，笔记的类型可根据情况或需要而定。

（3）整理。对主栏内容进行简化、概括，为以后进行背诵、复习和思考之用。

（4）回忆。先只按回忆栏的简化内容为线索进行背诵，然后再看主栏，查对自己回忆、背诵的程度如何。

（5）在记录、回忆、整理过程中，随时记下自己的想法、意见和感受等。

（6）复习。每天或每周利用简短时间复习记录的部分简化内容。

这种记笔记的方法，初用时可以以一种学科为例进行训练，然后在不断熟练的基础上，再推而广之；或者先将活页制出，每次照常记录讲课或阅读的内容。能在回忆栏中做多少，就做多少，争取慢慢增加数量、项目或加快速度。

2. 中心记录法。记笔记，很重要的一个要求就是要记下讲课内容的中心。抓不住中心，即使记得再多，也无助于对知识的理解。所说的中心，就是指老师讲课的基本思想或中心思想。中心的表现形式有几种：

（1）老师讲课时，开头就要点明学什么或讲什么，重点内容要强调，要概括、总结。

不好的书告诉你错误的概念，使无知者变得更无知。

——别林斯基

(2) 从材料本身看，一般要注意表示中心的形式，如开头、结尾，或重点句、段。

(3) 要善于概括中心。对学习内容在分析、理解的基础上，抓住主要东西用自己的语言加以概括。

在学习中，熟练地运用中心法记笔记，关键要做到两点：一是要理解。理解是人们认识事物或事理的联系、特点、本质和规律的一种思维活动。对学习来说，就是对学习内容及表现形式的真正认识和掌握。不理解，就把握不了中心，就抓不住关键。二是充分发挥眼、耳、脑的作用。眼要集中看，耳要注意听，头脑要琢磨和思考，在琢磨和思考中，把感觉的东西上升为理解，认清事物或事理。

3. 符号记录法。随着学习的进展，所要记忆或掌握的信息量越来越大，但我们能够一次处理与记忆的信息量却是有限的。虽然信息量与接受量的输入随着人年龄的增长而发展，但如果能够运用一些简明、扼要、易记的符号来代替某种信息，就能加快记录速度而扩大记忆或笔录的信息量。充分利用速记符号在记笔记时也可以减少书写造成的压力，为更充分地思考创造条件。

符号法所运用的符号既可以是现成系统符号的借用，也可以自己不断地进行总结设计。后者因转换性更方便、实用而节省时间。但总原则是要科学、简便、易记。常用的有以下几种：

书籍是全人类的营养品。

——莎士比亚

（1）用字码或数字来代表要记忆的信息。

（2）用字母或拼音来代替要记录的内容。

（3）用一个词或短语代替要记忆的知识。

（4）可以用一些特殊符号来作为记录或记忆的工具。

采用上述符号法，要注意不可复杂，所用符号要能再恢复出原来的被记录内容。

运用符号法，并不排斥机械记录，在必须一字一句地准确再现条文原理、定律、公式等材料时，还是如实记忆或记录为好。学习方法是为学习目的、内容服务的，要从实际出发考虑具体方法的运用。

下面是一些常用的符号：

$+$　加，正的，阳性的，和

$-$　减，负的，阴性的

$\times$　代数的，乘以

$\div$　除以

$\neq$　不相等

$\approx$　近似相等，（使）近似

$\geqslant$　大于或等于

$\leqslant$　小于或等于

$\rightarrow$　各种各样的，变化

书籍是人类知识的总统。

——莎士比亚

□ 面积

log 常用对数

ln 自然对数

e 自然对数的底

π 圆周率

e. g. 例如

∴ 所以

∵ 因为

= 等于；与?? 相同

≠ 不等于；与?? 不相同

⊥ 垂直于

// 平行于

∫ 积分的，积分法

f 频率

m 质量

F 力

4. 表格记录法。这是学习中经常运用的一种方法。运用表格法要注意三点：一是要搞清应记忆材料的内在联系，分清类项和从属关系，并在表格上能反映出来；二是制表要科学，类项关系要清楚、准确，表格本身要既能反映出应记忆事物的整体，又能

读书之于精神，恰如运动之于身体。

——爱迪生

显示出内在特点；三是填入表格的符号要简洁，概括准确。最好在记录前预先制好备用。

下面是应用表格记录法的一个例子：

香港回归的历史

年份	签署	发生事件
1842 年	南京条约	英国占领香港岛
1864 年	北京条约	英国占领九龙半岛
1910 年	拓展香港界址专条	中国把新界租借给英国，为期 99 年
1984 年	中英联合声明	
1997 年	香港回归中国	

5. 卡片记录法。卡片法，就是要把记录材料抄在卡片上，这种“卡片”也就是“活页”的笔记。它便于积累认识，随时取出学习、巩固。

一般来讲，卡片有三种类型：一种是摘录卡片，记下应记忆的有价值的材料；第二种是索引卡片，记下手头常备的一些参考书上的材料；三是心得卡片，记听课的体会、认识。

卡片的形式是多种多样的，要灵活运用。但不管哪一种形式的卡片，都要在每张卡片的适当位置上，表明材料的性质、出处类别等，以便查阅出处之用，也便于归类、积累和整理。

6. 梗概记录法。这种方法是学习过程中记笔记常用的方法。

在今天和明天之间，有一段很长的时间；趁你还有精神的时候，学习迅速办事。

——歌德

所说的梗概法，就是对讲课内容或学习的材料根据自己的理解程度，运用自己的语言，把原材料的基本内容、主要观点、总的结论精炼而明确地归结并表达出来。

运用这种方法时要注意以下几点：

（1）对原文的观点不能随意发挥，也不能按照自己的主观想法去概括，必须对学习的材料深刻理解，掌握其重点，在此基础上加以归结，归结的内容既要符合原文，又要简略，突出中心。

（2）要善于选择，过简易使内容残缺、始末不明，过详则旁逸斜出、不得要领，这种笔记不太容易做，初学时，可以采用缩写的方法，可选用原文中的概念或原文的文字。

（3）运用自己的话来概括应记录的问题，语言力求简练、准确。不准，就失去意义，繁杂易把人搞糊涂。如果运用小标题，更需要用高度概括的文字，这就要反复地思索原文，加深理解。

（4）概括的内容要有条理，原文中的重点和精粹的地方要突出。

7. 框架记录法。在听课或阅读的基础上，通过分析整理，把有关知识条理化，归纳成一个个有类别，有次序的“框架”，用文字符号把它固定下来，以便加深记忆理解或应用。

时间最不偏私，给任何人都是 24 小时；时间也最偏私，给任何人都不是 24 小时。

——赫胥黎

第六节 听为主，记为辅

有些同学认为，上课不管听得懂听不懂，先把老师讲的内容记下来，等课后再慢慢思考理解、消化吸收。一旦有了这种想法，上课就不动脑筋，拼命记笔记。这样下课时笔记记了好几页，问题也是一大堆。

在听课的过程中，做一些笔记是必要的，但是，“听”和“记”毕竟是两回事。注意力分配在听课上面，笔记就难以记全；而将注意力分配在记笔记上，听课的质量就要下降。因此，需要正确处理听讲和记笔记的关系。

那么，怎样才能更好地解决“听”与“记”之间的矛盾呢？

对于同学们的听课来讲，正确的方法和策略应该是“以听为主，以记为辅”。也就是说，听课的主要注意力应该集中在“听”的方面。至于“记”的问题，只需要记一些重要的东西。笔记固然重要，但听讲重于一切。

首先应以听懂为主。笔记可以缓记、不记或补记。记笔记应以不影响听课、思考、理解的效果为前提。由于每个同学的情况不同，做笔记的时机就不能千篇一律，同学们应当自己根据当时的情况灵活掌握，关键是记下“必要”和“精华”。

> 从不浪费时间的人，没有工夫抱怨时间不够。
>
> ——杰弗逊

其次要提高书写速度。速度太慢就跟不上讲课进度，影响笔记质量。记笔记不必将每个字写得工工整整，自己看得懂就行了。还可以用一些技巧，比如符号式速记、省略式速记。

再次，课堂笔记应当记自己听课提纲、记老师解题的思路以及讲课的重点、难点，特别是记自己不理解或老师讲的同自己理解不一致的地方、自己在课堂上因受启发而联想到的问题，不要简单机械地照抄。

有的同学习惯于“教师讲，自己记，复习背，考试模仿”的学习，一节课下来，他们的笔记往往记了好几页纸，成了教学实录。这些同学过分依赖笔记而忽视思考，以为老师讲的没有听懂不要紧，只要课后认真看笔记就可以了。殊不知，这样做往往会忽视老师的一些精彩分析，使自己对知识的理解肤浅，增加学习负担，学习效率反而降低。

第七节　如何整理课堂笔记

同学们在学会记课堂笔记以后，还要学会整理笔记。因为只有经过整理的课堂笔记，才能成为清晰、有条理、好用的参考材料。

由于种种原因，大家在课堂上所记的笔记，往往比较杂乱，课后觉得不好使用。为了巩固学习效果，积累复习资料，指导读

时间是世界上一切成就的土壤。时间给空想者痛苦，给创造者幸福。

——麦金西

写训练，的确有必要学会整理课堂笔记，使之成为清晰、有条理、好用的“导读助练”的参考材料。

对课堂笔记进行整理、加工，其方法与程序可分为如下七步：

1. 忆。“趁热打铁”，课后即抓紧时间，对照书本、笔记、及时回忆有关的信息。这是整理笔记的重要前提，为笔记提供“可整性”。

2. 补。课堂上所记的笔记，因为是要跟着老师讲课的速度进行的，一般的讲课速度要较记录速度快。于是笔记就会出现缺漏、跳跃、省略、简洁甚至符号代文字等情况。在忆的基础上，及时作修补，使笔记有“完整性”。

3. 改。仔细审阅笔记，对错字、错句及其他不够确切的地方进行修改。其中，特别要注意与解答课后练习，与教学（学习）目的有关的内容的修改，使笔记有“准确性”。

4. 编。用统一的序号，对笔记内容进行提纲式的、逻辑性的排列，注明号码，梳理好整理笔记的先后顺序，使笔记有“条理性”。

5. 分。以文字（最好用红笔）或符号、代号等划分笔记内容的类别。例如，哪些是字词类，哪些是作家与作品类，哪些作品（课文）是分析类，哪些是问题质疑、探讨类，哪些是课后练习题解答等等。为分类摘抄做好准备，使笔记有“系统性”。

人的全部本领无非是耐心和时间的混合物。

——巴尔扎克

6. 舍。省略无关紧要的笔记内容，使笔记有“简明性”。

7. 记。分类抄录经过整理的笔记。同类的知识，抄在同一本簿，或一本簿的同一部分里，也可以用卡片分类抄录。这样，日后复习，使用就方便了，按需所取，纲目清晰，快捷好用，使笔记有“资料性”。

如果平时下工夫把笔记整理好，系统复习时，打开笔记本心中就有数了。因为笔记的索引清楚，中心突出，内容简要，联系着有关的旧知识和易错的问题等等，将来在复习考试前，就不用再突击查旧书、翻材料，重新思考和临时归纳了。这样可以节省很多时间，只要看着笔记，就可以迅速回忆起有关的旧知识。总之，整理笔记是把知识深化、简化和系统化的过程，带有浓厚的个人学习特点，是一种值得提倡的良好的学习习惯。

第八节 课堂笔记的一般要求

课堂笔记反映了老师讲课的系统、重点、难点和疑点，通过课堂笔记可以掌握老师的思考过程和方法，以及讲授技巧和次序。这些在教科书和参考书中都是难以找到的。因此，必须明确听课和自学间的核心区别和特点，这样才能更加集中地抓住老师主讲课程的重点和思路，特别是老师提出问题、分析问题、解决

当许多人在一条路上徘徊不前时，他们不得不让开一条大路，让那珍惜时间的人赶到他们的前面去。

——苏格拉底

问题、启发引导问题的思路和方法，这些是做好课堂笔记的出发点和落脚点。

一般说来，对老师讲课的要点、基本理论和公式的解释、说明、推导、结论、基本观点的论点、论据、论证，一些有价值的数据和事实，典型的实例等均应简明扼要地记录下来。特别是要记载老师对某些问题的新见解和思考方法。同时，通过自己思考还可以在笔记上加批注，作记号提示，以便于课后复习和进行课堂笔记整理。

1. 运用康奈尔形式（即本章第六节所讲的5R笔记法）。在纸张距左边2英寸半处划一条竖线，竖线右侧6英寸的地方供笔记之用，左侧仅用来记录要点，这是供记录、背诵和复习用的理想模式。

2. 在做笔记前先将课文读完。在没有把整个段落和有标题的部分读完之前，不要做笔记。这可以避免把初看上去仿佛很重要的每一项内容都概括出来。

3. 要非常善于选择。找出要点，简洁地将它们写下来。不要试图掌握书中的每一个概念、事实和细节，只要能掌握重要的概念和基本的原理就行了。

4. 用自己的话。读完一段或一部分后，要问一问自己："作者的主要论点是什么？"把这个论点背出来，然后把自己说的话

生命是短促的，然而尽管如此，人们还是有时间讲究礼仪。

——爱默生

写下来。不要机械地将书面上的词句转抄到笔记本上去。这样做是没有动过脑筋的，也就浪费了时间和精力。

5. 写完整的句子。笔记不能只是提纲式的，而要用完整的句子将完整的思想表达出来，因为在考试的时候必须这样做。同时，这样做能在复习和重新学习的时候马上领会每一个概念。工整的笔记也有利于复习。

6. 要迅速。不可能用整整一天一晚的时间来记笔记，所以要保持机警，要求提高效率。这也就是先阅读，随后回过头去大略地复习一下，把作者的思想背出来并写下，然后就学习这一章中的下一部分内容。

7. 不要忘记直观材料。像重要的事实和概念一样，重要的图表也应该抄到笔记本上去，要背出来，并要复习。例如，在生物学里，想记住细胞的结构，就必须画一张草图标出它的各个部分。对地图、曲线图和表格的重要方面也要做笔记，它们是课本不可缺少的部分。

8. 记录下来的应是思想而不是言词。不要试图逐字逐句地得到讲课内容，这样做会妨碍理解思想。记笔记的目的就是要记录讲课的主要思想。

9. 要系统化。用康奈尔体系做笔记，把笔记记在右边大的一栏里，然后尽可能在每一堂课后整理笔记，补充论说中的遗漏部

> 时间老人自己是个秃顶，所以直到世界末日也会有大群秃顶的徒子徒孙。
>
> ——莎士比亚

分，检查错误，并予以改正。把新的笔记与前次的笔记联系起来。用关键字标出笔记中的每一个概念，把它改写在左边的一栏里。

10. 制作总的概要记录表。定期在单独的纸上重新组织笔记，把主要标题和主要类目下的概念和细节结合成组。通过制作这样的概要记录表，将使论据与思想彼此联系，使它们更宜于记忆。

11. 不妨快速潦草地书写。书写工整，是工作或学习中常常所需要的。然而，在记录写作素材、摘抄资料、起草文章和作品，或记下自己学习必得时，提倡快速潦草地书写，是有一定道理的。

快速潦草地书写，是为了跟上思维的进程。人脑的思维是复杂而迅捷的。有时写作的灵感一来，真可谓神思泉涌，如不快速写下，有可能会稍纵即逝。快速潦草地书写对追踪思路，训练思维的灵敏性是大有好处的。

为了快速潦草地书写，除了在每一个字上下工夫，使之达到尽可能快的要求以外，还可以运用代号、略语，也可运用速记符号。有时为了跟踪思维，甚至可以用一个词或几个词代替一长串词句。

第九节　课堂笔记的注意事项

关于课堂笔记，我们在本章的前几节已经分别谈了它的重要

只有一种悲痛能够持久，那就是因失去财产而产生的悲痛；时间能够减轻一切痛苦，唯独对于这一种却会加深。

——拉布吕耶尔

性、具体记法、记录的一些技巧以及如何整理等问题，相信通过这些内容的介绍，同学们对课堂笔记已经有了一个比较清晰全面的认识。下面，我们就来谈谈做课堂笔记的一些注意事项。

课堂笔记都有哪些注意事项呢？

1. 铅笔、圆珠笔、钢笔均可，但比较而言，圆珠笔更好，不但用的长久，而且好的圆珠笔下笔顺畅，书写快速。

2. 分清书写内容的重要性程度，即明白本堂课上哪些是重点，哪些是难点，在做笔记的时候根据内容的重要程度来选择记录的详略。

3. 规范记笔记的习惯和流程。有些同学的笔记记得一塌糊涂，随便记在纸上，笔记内容乱七八糟，很不规范。一般来说，每门课程都应专门有一个笔记本，并且按照课程的结构安排一章一节地记清楚。

4. 笔记本要留有一定的空间。由于课堂上时间比较紧迫，老师所讲的一些内容当时可能漏记，书写也许会很潦草，所以记笔记时，不要把笔记本记满，要留有余地，以便下课后及时对笔记进行整理、归纳、补充。

5. 记笔记有三个时间：一是老师黑板上写字时，抓紧这一机会强记；二是在老师讲授重点内容时，抓紧时间速记；三是下课后，对课堂上简记东西进行补记。

上帝绝不会只赋予你使命，而不给你时间去完成。

——约·罗斯金

6. 要详略得当。笔记的详略要依下面条件而定。

（1）讲课内容。对实际材料的讲解可能需要做大量的笔记。

（2）对讲授的主题是否熟悉。越不熟悉的学科，笔记就越需要完整。

（3）所讲授的知识在教科书或别的书上是否能够很容易看到。如果很难从别的来源得到这些知识，就必须做完整的笔记。

7. 要提高书写速度。听课笔记限于讲课要在一定时间内完成，因此，听课人在思维速度和书写速度方面要同讲课人协调一致。书写速度太慢，势必会跟不上讲课进度，笔记就会不完整或没有条理，影响笔记质量。要学会一些提高笔记速度的方法。

8. 科学分配注意力。可采用三种方式分配听课时的注意力。

（1）把全部注意力放在做记录上。这时，记忆退居次要地位，听课几乎变成了听写，这样听课必然导致对很多问题缺乏理解。

（2）用 50% 的注意力听教师讲解，用 50% 的注意力做记录。这样做，同学们会理解并记住大部分内容。

（3）用 90% 的注意力集中听讲，并积极动脑思考，只用 10% 的注意力作简要的笔记。这种笔记不是对教师原话的记录，而是经过自己思考后的语言。这样做，同学们不仅能全部掌握所

世界如果是个舞台，那我们在化妆室里要花多少时间来无聊地装扮自己。

——约·罗斯金

学知识，而且还会有创造性的发现。

也因为这个原因，所以同学们在听课的时候最好记提纲式笔记。

9. 切忌抄别人的笔记。有的同学比较懒，自己在课堂上不愿做笔记，下了课去抄别人的笔记。这是一种很不好的习惯，不利于锻炼自己的总结综合能力。只有自己做笔记才会有学习效果和意义。

10. 课后要对笔记进行重新整理。笔记整理的内容包括两个方面：把课堂上漏记或者记错的内容补充上去或改正过来；理清纲目，突出重点和难点，用概括的语言把学习的内容联系起来，使笔记成为自己未来复习时有效的材料。

综上所述，在课堂上记笔记要耳听、眼看、脑想、手动。在听懂的前提下，对获取的知识信息通过大脑的思维，经过“选择—加工—归纳—浓缩—反馈”的过程，然后用手有重点地记录下来。记录的方法是多种多样的，我们可以在学习中逐步摸索出适合自己的方法，最终达到促进我们学习、提高学习效果的目标。

人们不能给情欲规定一个时间。

——罗曼·罗兰

第六章　上课，不仅是听讲

上课不仅是被动的听讲。俗话说“习惯成自然”，好的习惯可以使人终生受益。但任何习惯都不是天生的，都是经过后天有意识的培养形成起来的。那么，在课堂学习中，同学们应该怎样培养起各种好的习惯呢？这些好习惯都有哪些？它们对于大家的学习分别有着怎样的积极意义？弄清这些问题，将会使同学们的课堂品质得到大幅提升。

第一节　学而不思则罔

德国数学家高斯，是近代数学奠基者之一，在历史上影响之大，可以和阿基米得、牛顿、欧拉并列，有“数学王子”之称。

高斯非常善于思考，这种良好的思维习惯在他小时候就已经表现出来。10 岁时，有一次他的数学老师让他们全班解答一道习题：立即计算出“1 +2 +3 +4…… +100”的答案。这个题目在今天早已家喻户晓，可是在那个时候、那个场合，对于一群小学

有了天才不用，天才一定会衰退的，而且会在慢性的腐朽中归于消灭。

——克雷洛夫

生来说，还真不容易。要算出这么长的算术题耗时不少，学生们都想争取第一个算出来，立刻在草稿纸上做了起来。

只有小高斯还没有开始动手，不是想偷懒，也不是发呆，他在想，难道一定得经过这么复杂的计算过程吗？从客观上说，他在进行思维的谋划，谋划的目的是要寻找一种能够成倍提高思维效率的策略，这个过程花去了相当于其他同学进行加法计算的1/2的时间。这时候，老师看见了他，走上前来问他怎么了，为何还不开始计算。小高斯说他已经知道答案了，是5050。老师十分诧异，问他是否提前做过这道题。高斯于是告诉老师，他通过观察发现这一组数字中1加100等于101、2加99等于101……这样的等式一共有50个，因此这道题可以化简为“101×50=5050”。

“真是太精彩了！”老师赞扬地说。

孔子说：“学而不思则罔。”意思是在学习活动中如果只读书而不思考，就会越学越糊涂。可见，养成勤于思考的习惯对于搞好学习有多么重要。

思考可以帮助同学们加深对知识的理解和记忆，把散落的知识点连接成有机的整体，从总体上把握知识体系，提高学习质量；它有利于同学们对书本知识批判地吸收，可以防止“死读书”，从层次上提高了个人的学习能力；它还可以不断解开同学们的疑团，激发同学们的灵感，从而使大家有所发现、发明和创造。

天才就是这样，终身努力，便成天才。

——门捷列夫

那么，大家在课堂上应如何进行积极思考呢？

1. 将自己预习时的理解与老师的讲解进行比较，加深对新内容的理解和记忆，纠正先前理解的错误。

2. 大胆怀疑现有结论，多问几个“为什么”或“怎么样”，有了问题后要独立思考寻求答案。

3. 从老师的讲解中，去粗取精，归纳出老师所讲内容的梗概，领会其要点。

4. 揣摩老师讲解的意图，弄清老师是在讲述一件事，还是在说明一种物；是在抒发某种感情，还是在发表某种议论；是在探讨某个问题，还是在提出某种疑问。

5. 积极参加课堂讨论，讨论时，既认真倾听其他同学发言，又积极思考，讲清自己的基本思路和观点。

6. 体会老师在讲课过程中提出的有益的学习方法，并灵活运用它，以提高自己的学习效率。

要做到在课堂上多动脑多思考，就要注意在平时的学习中培养勤于思考的习惯。下面的几点也许会对大家有所帮助。

1. 培养学习兴趣。没有兴趣就没有动力，当然也就不愿意开动脑筋。要想养成认真思考的习惯，首先就必须要对学习感兴趣。当同学们对学习发生兴趣后，遇到问题自然就会愿意动脑筋去思考、琢磨，这样慢慢就会形成一种思考的习惯。一旦这种习

天才免不了有障碍，因为障碍会创造天才。

——罗曼·罗兰

惯养成，反过来就会对大家的学习产生巨大的推动作用。

2. 不满足于浮在知识表面，凡事力求知其所以然。学习中最怕的是一知半解，仅仅停留在浅层次的理解上。遇到一个结论或结果，不要轻易认为知道就行了，应该有意识地去想想为什么会这样？得出这个结果的依据是什么？还有没有其他的可能性？尽可能多方面、从源头上对知识进行探究，直到透彻掌握。在探究和思考的过程中，不仅对知识的理解加深了，思考的能力也得到了锻炼和提高，思维的品质得到了进一步的强化。

3. 脱离“题海”，精做多思。许多同学喜欢搞“题海战术”，认为题做得越多越好，其实不然。做题只是为了考察同学们对基本概念和基本方法的掌握与运用，加深对所学知识的理解。适量的做题是必要的，但一定要注意对题目的研究和思考。每做完一道题，都要认真地想一想，这道题出题的意图是什么？它想考察大家对哪些知识点的理解和运用？它有几种解答方式？哪种方式最简捷？只有这样不断地思考，才能举一反三，达到最佳的学习效果；反之，沉迷于题海，只重数量，不思考总结，只会事倍功半，白白浪费许多时间。

第二节　勇于发言，敢于提问

同学们在课堂上不仅要勤于思考，还要勇于发言。

只有天才和科学结了婚才能得到最好的结果。

——斯宾塞

为了激发大家的学习兴趣、调动大家的学习积极性和了解大家的学习情况，老师在课堂上一方面会向同学们提出各种各样的问题，另一方面，也会鼓励大家自己提出相关的问题。这个时候，同学们应积极主动地发言，配合老师的课堂教学。

上课发言有以下几点好处：

1. 可以提高学习的主动性。喜欢发言的同学一般都会事先做好准备，以便在老师、同学面前树立一个良好的形象。因此，经常发言可促使自己认真预习，积极思考，增强学习的主动性和积极性。

2. 能够培养锻炼良好的思维品质。要在短时间内迅速而准确地回答问题，这对于自己思维的敏捷性、广阔性和逻辑性都是一个很好的锻炼机会。

3. 可以显示出自己在知识、技能、能力等方面的优点，也可以暴露其中存在的问题，这有利于扬长避短，不断进步。

4. 有助于提高自己的语言表达能力。经常发言的同学，大都口齿伶俐，用词准确，词汇丰富，这和他们在发言中不断锻炼自己是分不开的。

上课时，主动回答问题，能够促进同学们开动脑筋、积极思考，加深对课堂学习内容的理解。另外，善于发现并提出问题，也是课堂学习中促进积极思维的一个重要方法。

没有伟大的愿望，就没有伟大的天才。

——巴尔扎克

有些同学害怕老师上课提问。一旦老师问到了别人，自己紧张的心情立马就放松下来，并不注意去听别的同学是怎么回答的，似乎答对答错已与自己无关。这是课堂上逃避积极思考的一种表现。

不问难以成学。在课堂中遇到不太明白的问题是很正常的。有不懂的地方，就要发问。不少同学就是因为不敢问，才使本来很小的知识漏洞越来越大，以至于严重地影响了学习成绩。

那么，怎样才能做好上课提问呢？

首先，要有问的勇气。要认识到有疑问是正常的，可能你问的问题也正是其他人想问的问题。即使是个人的问题，也不要害怕丢人，如果不懂装懂，结果只会害了自己，远非课堂上的暂时难堪所能比。

其次，要讲究问的方法。同学们向老师提问，问题一定要明确，这样才方便老师的解答。

当然，听课的过程是一个集体学习的过程，所以，同学们在向老师提问时，必须是十分迫切需要解决而又不会对课堂教学造成大的冲击的问题。因此，大家应该在充分预习、积极思考的基础上，大胆而又谨慎地提问。

课堂上积极发言，是主动学习的具体体现，能收到很好的学习效果。

天才就是最强有力的牛，他们一刻不停地一天工作18小时。

——于尔·勒纳

做好课堂发言，还要注意下面几条事项：

1. 要克服胆怯心理。要多给自己一些积极的暗示和鼓励，要控制自己不去想诸如“错了怎么办”、“当众出丑多难堪”之类的问题。

2. 要先思考后发言。特别是对要提问的问题，最好先自己做一遍，看看有哪些地方还不清楚，只有善于思索的人才能做到善问。不要问类似“这道题该怎么做”这样的问题。因为这种问题即使得到了答案，对理解也没有什么帮助。好的问题应当像“我是这样解题的，但我觉得太繁琐了，还有更简便的方法吗”。这样的提问会使大家得到有用的信息，并且掌握举一反三的能力。

3. 要认真倾听其他同学的发言。同时和自己的想法进行比较，从中汲取有益的东西。

4. 要认真领会老师的总结性发言。不仅要重视老师对问题所下的结论，而且要注意听老师对大家发言的分析评价，理解老师肯定或否定某一观点的理由和思路，这有助于加深自己对问题的认识。

第三节　超前思考，比较听课

预习可使同学们对新课的内容有一个基本理解，但这并不等

轻易地完成别人难以完成的工作是才能；完成有才能的人力所不能及的工作是天才。

——阿米尔

于说，上课时可以放松注意力，降低思维的紧张度。而是须在课堂听讲中对自己提出更高的要求：不仅要在听课中排除疑难，深化理解，还要通过听课检验和锻炼自己思维的敏捷性、准确性和全面性，这就要“超前思考，比较听课”。

什么是“超前思考，比较听课”呢？

所谓“超前思考，比较听课”，即上课不仅要跟着老师的思路走，还要力争走在老师思路的前头。比如在听“弹力”这一节课时，当老师刚提出如：①弹力产生的原因是什么？②弹力与重力相等的条件是什么？③怎么确定弹力的方向？④怎么计算弹力的大小？等等问题时，同学们就应该主动地去思考，积极地去寻找答案，然后和老师的解答进行比对。自己想对了，老师再一讲，就会记得更扎实；想不出来，或和老师的解答不一样，再听老师的讲解，这样对知识的理解会更深刻。或者，老师讲了一种解题方法，自己想一想，还有没有其他方法。通过比较，一方面能加深对课文的理解，另一方面可以培养自身积极的思考习惯和创新意识；同时还能发现自己在预习中的错误原因。

那么，怎样才能做到“超前思考，比较听课”呢？

拿数学学习来说，首先在每道题的展开之初要积极地独立思考，比较与以往题目的不同；然后找到解题关键，并展开思维预测解题步骤；最后结合老师的点拨，比较自己的解题思路与老师

天才就是回避艰苦工作的能力。

——埃·哈伯德

讲解的不同。

另外，对于老师讲授的一些“典型例题”，大家一定要认真去听，因为它们往往都是一种或几种典型解题方法的运用体现。在老师的讲述中同学们不仅应凝神倾听，仔细观察老师是如何分析、推导、演算、得出结论的，还应积极思考，把自己的思路、方法和老师的进行比较，找出其中的差异，看看谁的更简捷。通过这种思考比照，同学们不仅可以轻松将老师的“方法”学到手，而且还可以使自己的思维能力得到不断的改进和提高，解决问题的途径更为丰富和简便。

上海有一名优秀学生曾说：“老师讲的大部分内容我已掌握了，但老师分析问题、解决问题的逻辑思维方法我还没学到手。我听课的目的是把自己的思维方法跟老师的进行比较，找出差距，培养自己的思维能力。”

养成“超前思考，比较听课”的习惯，对于提高同学们的学习品质非常重要。

超前思考能挖掘出自身的潜力。经过超前思考，同学们会发现自己能独立解决许多问题，对提高自信心，培养学习兴趣很有帮助。

超前思考能够消除对新知识的“隐患”。超前思考能够使同学们发现在现有水平的基础上，自己对新知识认识的不妥之处。

天才是各个时代都有的；可是，除非待有非常的事变发生，激动群众，使有天才的人出现，否则赋有天才的人会僵化。

——狄德罗

相反，若直接听老师讲，大家会容易误认为自己一开始就能达到这种理解水平，从而难以认识到并有效弥补自己的不足。

超前思考还能提高听课质量。经过超前思考，同学们会很容易发现新知识中理解起来困难的地方。这样，在老师的讲课中，大家就可以把注意力集中在对这些“难点”的理解上，即“好钢用在刀刃上”，从而避免了没有重点的泛泛而听。

第四节　当堂知识，当堂弄懂

于政同学开始上少年班的时候，刚过 13 岁。他听说大学上课，一节课要讲好几十页课文，有的课连教材都没有，老师上课一抄一大黑板；所以，记好课堂笔记最重要。于政决定以记好笔记来听好课。

这一来，小于可忙开了。老师在讲台上讲，他在底下记；老师在黑板上写，他在底下抄。记呵，抄呵；抄呵，记呵……老师的每一句话他都觉得不能丢，费的力气可真不少，课堂笔记简直成了老师讲课的记录了。

但是，事与愿违，劳而无功。由于集中精力记笔记，大脑只是简单的机械的反映，来不及思索。老师讲了些什么，印象不深；老师讲的重点是什么，也抓不住；自己的思路又跟不上老师

在所有的批评中，最伟大、最正确、最天才的是时间。

——别林斯基

的思路，丢三落四，脑子里乱糟糟的。课堂上效果不好，课后花的时间就更多了，听课的效果大大降低。

俗话说得好：不要捡了芝麻丢了西瓜。就是说要善于抓住大问题、关键问题、主要问题，听课也是如此。

如果把上课积极思考、注重理解的学习类型叫做“理解型”，那么可以说有相当一批同学的学习类型属于“死记型”。他们的特点是不在自己理解的基础上去记忆，而是跳过自己认识事物应当经历的艰苦思考过程，直接去背人家得出的现成结论。他们满足于“上课记笔记 、下课对笔记、考试背笔记、考后全忘记”的学习状态，像上面举的例子就是这种情况。这种知其然不知其所以然，单纯直接记忆现成结论的听课方法是无法获得真知的，它也把不少同学送进了学习后进的行列。

还有些同学认为：上课听不懂没关系，反正有书，下课自己看书；或者说：反正有老师，自习课时再问老师就是了。有了这种想法，听课时稍有困难就不想听了，也不积极参加上课的学习活动，这样就白白浪费了课堂上的宝贵时间，增加了课后学习的负担。

以上这两种方法都是不对的。正确的做法是上课积极思考，力争在课堂上就完成初步的理解任务。这是提高学习质量，减轻学习负担的最好办法。

规章与模范会毁灭天才与艺术。

——赫兹里特

理解是掌握事物本质、内部联系及规律的思考过程。那么，怎样才能做到当堂理解呢?

在课堂上，大家想的应与老师讲的统一，大家思考的问题应与老师讲的问题统一。在老师的启发下，大家要始终开动脑筋，积极思考，专心听，勤思考，力争当堂懂，基本完成理解任务。

但是，在课堂上也确实会遇到当堂懂不了的时候，听课的思路“卡壳”了。如果卡壳的内容是老师讲的某一句话或某一个具体问题，应立即举手请求老师的进一步解释；如果卡壳的内容是公式、定理、定律，接下去就要用它去解决问题，这种情况下就应先承认老师给出的结论（公式或定理）并继续听下去，而不要停下来去反复理解不懂的部分。这种全盘接受未懂得的知识，是课堂上的一种策略。然后到课下来再慢慢弄懂它。采用这种策略，虽然这一部分没有“当堂懂”，但是，它保证了紧接其后各部分内容的“当堂懂”。

要做到当堂理解，须注意以下几点：

1. 在课堂上要自始至终开动脑筋，积极思考，老师“启”，大家就“发”，老师讲到哪里，大家就想到哪里。

2. 要处理好听课与记笔记的关系。记笔记是为了帮助理解记忆的，记是手段，理解是目的。上课时既能理解又能记好笔记当然最好，如果不能兼顾，要先保证听课，笔记可待课后补记。

必须让有天才的人独立，而人类应当深刻地掌握一条真理，即人类要使有天才的人成为火炬，而不要让他们放弃真正的使命。

——圣西门

对于同学们来讲，学习的要诀是充分利用课堂，抓紧课上时间，尽可能多地掌握学习内容。课堂上解决问题，既省时又省力，同时也赢得了更多的课后时间去钻研其他问题，发展自己的兴趣爱好。当堂知识，当堂理解，向课堂45分钟要效率，要成绩。那些学习轻松、主动的同学，学习的“秘诀”正在于此。

第五节　认真做好课堂练习

课堂练习是课堂教学的重要组成部分，它主要是指教学过程中所进行的例题讲解、习题处理和作业题、试题评讲等教学活动，绝大部分老师在课堂上都安排近1/3的时间用于学生做练习。课堂练习是课堂教学中的一个重要环节，它不但可以帮助大家及时巩固在课堂上所学的知识和技能，而且对于教师来说也是检查同学们学习知识和应用知识等具体情况的有效方法。

课堂练习是沟通教与学的桥梁，也是师生之间进行信息交流的重要渠道。通过课堂练习能够及时提供教学的反馈信息，帮助教师对教学目标的达成程度加以准确定位，以便及时调整教学策略，促进教学质量的提高。它是促使同学们及时复习新知识的一种有效途径。

做练习应遵循仔细审题，认真答题，全面检查的顺序进行：

智慧，勤劳和天才，高于显贵和富有。

——贝多芬

1. 仔细审题。

对练习题进行认真阅读、思考，弄清题中告诉些什么（条件），要求做些什么。练习常常是课本知识的引申、拓展、演化，或者是变通应用。同学们如果不仔细去分析思考，消化理解，就不能掌握实质。审题一般可以从以下步骤去考虑：

（1）逐字逐句读题，勾画出关键词句。

（2）列出条件、结论。

（3）寻找解答的对应知识。

2. 认真答题。

答题过程中，关键的一步是从已知条件中找出解题的途径。寻找解题途径的方法，有从已知到未知的综合法，有从未知到已知的分析法，还有两者结合的综合分析法。

答题过程要合理。答题时的叙述、形式、运算、推理、作图等一定要有充足的理由，每一步都要有起初的命题作依据，而且遵循正确的思维规律和形式。答题要清楚，简洁。

3. 全面检查。

对已解答的练习，同学们应进行查漏补缺，看解答是否正确、合理、简捷、清楚。检查是练习的一个十分重要的环节，有的同学愿意做题，但不愿检查，以致由于马虎，会做的题错了也不知道，久而久之，形成不良的学习习惯。

敢于冲撞命运才是天才。

——雨果

检查应着眼于三点：一查解题的正确性。即查在解题过程中运算、推理、列式、作图和所得结果等是否正确无误。二查解题的合理性。即查解题的每一步是否都有充足的理由。三查解题的完满、清楚。即查解答是否解决了题目所提出的全部问题，是否有条理，表达清楚，并符合一定的格式要求。

要提高练习的效率，就要先掌握练习要领。练习的要领是：

（1）要坚持先复习，后练习，不要拿起练习就做。

（2）要坚持独立思考，独立完成练习，不要遇难而退，轻易问人。

（3）要坚持理解消化，立足于懂，不要图快。

（4）要坚持数量适当，有代表性，不要贪多或过简。

凡是老师要求动手的时候一定要积极动手，努力做到在老师规定的时间内完成应该完成的练习，这样一方面可以训练自己的思维能力与计算能力，提高解题速度，另一方面可以及时反馈信息，调整学习方案。

第六节　快速阅读的训练

巴尔扎克曾对快速阅读做过详细的观察和细致的描写，他在《路易·拉别尔》一文中写道：“在阅读过程中，他吸收思想的

在热情的激昂中，灵魂的火焰才有足够的力量把造成天才的各种材料熔冶于一炉。

——司汤达

能力是罕见的。他的目光一下能抓住七八行，而且他的智力理解意义的速度与眼睛的速度相等，往往是一个唯一的词便能使他掌握全句的意义。”

在课堂上，同学们经常要阅读一篇文章或材料，然后对它进行分析、讨论，这些文章或材料往往是几百字甚至数千字，如何才能在最短的时间内抓住中心内容，准确理解它的意思呢？快速阅读可以解决这一问题。

快速阅读，即一目一行、一目数行甚至一目一页地阅读，以便从文字材料中迅速攫取感兴趣的、对自己有价值的信息的阅读方法。不仅速度快而且理解记忆程度高，这才能在尽可能少的时间内获得尽可能多的有用信息。

绝大部分人的平均阅读速度约为 200 ~ 300 字/分钟左右，而掌握了快速阅读技巧的人则能以 2000 字/分钟以上的速度阅读书籍和资料，熟练者能达到或超过 10000 字/分钟，比平常人快几倍、十几倍、几十倍、甚至上百倍。

快速阅读强调的是阅读速度尽可能加快，但决不应是泛泛地浏览或不求甚解地走马观花。也就是说，快速阅读不仅仅要求阅读速度快，而且要求理解率高、记忆效果好，这样才能在尽可能少的时间内获得尽可能多的有用信息。所以，快速阅读应该是在注意力高度集中状态下，以获取有价值信息为目的的一种积极

修凿可以使道路平直，但只有崎岖的未经修凿的道路，才是天才的道路。

——布莱克

的、创造性的理解记忆过程。

快速阅读的真正意义在于在快速阅读过程中获得“快速理解＋快速记忆”。也就是说快速阅读者能够用和快速阅读同样的速度来同步理解所阅读的内容，并且同时比较牢固地记住所看到的内容（包括重要细节）。因此，快速阅读的重要作用是通过提高同学们对知识和信息的鉴别能力、吸收能力和存储能力，进而提高学习和工作的效率，提高成功的比率！

怎样才能达到快速阅读呢？

（1）“去粗取精”。正如爱因斯坦所说的那样，快速阅读就是“在所阅读的书本中找出可以把自己引到深处的东西，把其他一切统统抛掉；也就是抛掉使头脑负担过重并将自己诱离要点的一切”。这就是说，可以把书中那些无关紧要的引文、图表、推理过程等“省略”或者“跳跃”过去，而使目光像雷达搜索和追踪目标一样，敏锐地抓住书中的重点、要点和脉络来阅读。这样，我们就可以用较少的时间去赢得较大的阅读量，用较少的精力获得较多的知识和信息。

（2）运用内部语言对文章进行简缩。“内部言语”，即无声的思维语言，这是人们在头脑中思索、解决问题时产生和运用的言语，具有简缩、跳跃和无声的性质。一般来说，未经训练的人眼球接受文字信号的速度大大低于大脑的思维速度。每次眼停

人才进行工作，而天才则进行创造。

——舒曼

（对文字注视）需1/10～3/10秒左右，而眼跳所需要的时间仅仅占5%左右；相反，人的思维进行得非常迅速，特别是使用内部言语思维，常常是一闪而过。这样一快一慢，两者不能协调运作，阅读速度受到制约就快不起来。经过训练后，阅读时的感知单位可以迅速扩大为以词组、句子为单位的感知，甚至以段落、页面为单位的感知，自然可以大大提高阅读的速度。

（3）运用视力和脑力进行“眼脑直映”。快速阅读省略了语言中枢和听觉中枢这两个中间环节，眼睛接收到的文字信号直接映入大脑记忆中枢进行理解和记忆，排除头脑里潜在的发音现象，即阅读时做到不朗读、不唇读、不喉诵、不心诵，而单纯运用视觉进行阅读。

快速阅读除了快以外还有其他的优势。经过科学、系统地训练的快速阅读，其理解水平与传统阅读的理解是毫不逊色的，而且记忆水平要明显高于传统阅读。

快速阅读的节奏和大脑处理信息的节奏更接近，更容易协调和匹配，所以是最有利于记忆的阅读。同学们在阅读过程中要针对不同的阅读目的或读物的深浅、难易程度的不同，采取不同的阅读方式：需要深刻理解的部分，用精读；需要深刻记忆的，用快速阅读；对艰深的，用精读；对浅显的，用快速阅读。根据阅读目的和读物的不同，分别采用不同的阅读方式，才是科学的合理的阅读。

敏感从来不是伟大天才的优良品质，伟大天才所喜爱的是准确。

——狄德罗

第七节　积极进行口语训练

小军是个内向害羞的学生，平时不爱说话。上课老师让同学起来回答问题，大家都踊跃举手，唯独他总是低着头，生怕老师叫到自己。尽管如此，有次老师还是提问到了他，结果他站起来满脸通红，回答得语无伦次，引起同学们的一阵哄笑。从此以后，他变得更加沉默寡言。许多时候老师提出的问题他觉得非常简单，甚至有时候也想举起手来回答，像别的同学一样得到老师的赞扬，可他始终难以鼓起勇气，害怕再次遭到同学们的嘲笑。为此他感到非常苦恼。

语言是人类表情达意的重要手段之一，它包括口头语言，书面语言和手语等多种形式。口语是各种语言的基础。加强对口语表达能力的培养，不仅是素质教育的需要，同时对提高同学们的写作能力、逻辑思维能力、创新能力等都具有极其重要的作用，像小军这样的同学尤其需要在这方面得到突破和加强。

那么，同学们应当如何培养自己的口语表达能力呢？

最好的方法是积极地进行综合训练。

所谓综合，主要是指把口语表达的各项基本功紧密结合起来，形成一体，使其具有一定的艺术性，能够准确、生动地传情达意。

> 独立性是天才的基本特征。
>
> ——歌德

在综合训练中，同学们既可以通过与人交流，也可以通过对手赛的方式来进行，但还是以个人训练为主，因为个人训练比较方便，不受条件的限制，可以随时进行。

综合训练的方式很多，可以自由选择，也可以根据需要调整交换。大体有这样几种方式：

1. 模仿复述。

即通过模仿接受示范信息，在经过复述练习后，提高自己口语表达的意识和能力。比如，选择几段精彩的演讲、朗诵或是播放录音反复听，从重音、停顿、语调、节奏和语音的运用等各个方面充分感受、反复琢磨，并跟随学习。这样“耳听嘴跟”地练习一个时期，口语表达就能变得流畅、生动了。

2. 口头评论。

这种练习方式的内容很广泛。与人初次见面，作一番自我介绍；对亲朋好友或是同学讲述某个人或是某件事，比如对某部影片或是电视剧加以评述；想说服别人，先在口头上做文章，试讲几遍；嘱咐别人办什么事，把事情、目的、要求、困难和意义等各项一一交代清楚，以及练习给人讲故事等。

3. 讲演练习。

讲演是一种练习口才的重要而有效的方式。演讲练习最好是事先写好稿子，然后像朗诵一样在口头表达上反复推敲，最后利

不应嫉妒天才人物，就像不应该嫉妒太阳一样。

——尤里·邦达列夫

用一切可能的机会当众脱稿演讲。如朋友聚会致辞、开会发言、主持仪式等，都可以当做演讲练习去做准备。这样既可以促进练习，又能发挥口语训练的实际作用。

4. 快速感应。

快速感应是训练语感和口才时不可忽视的一种方式。因为实用口语艺术需要具有即兴构思、随机应变和对答如流的能力。这是一种对手赛的方式，其特点是在限定的短暂时间里训练快速感应的能力。如智力测验抢答、临时出题即兴演讲、对对方就某个论题论辩等。这种快速回答和辩论的训练，是在较为紧张的情境和氛围中完成，能激发思维，训练即兴演讲的能力。

同学们进行口语训练的具体策略有：

(1) 课前1分钟演讲。每节课开始前可由3～5个同学进行演讲，内容不拘一格，但演讲稿必须结合政治原理。

(2) 课堂分组讨论。当老师在课堂上布置了分组讨论的任务后，同学们要积极参与，并争取在讨论结束后进行总结发言。

(3) 和老师对话。老师在课堂上一般都会根据讲课内容设置一些相关的问题让同学们思考回答，这时同学们应积极思考，并踊跃地发言；另外同学们也可以针对自己在课上的疑问向老师提问，请求老师的回答。回答和提问的时候语言要简练、风趣、文雅、有条理。

天才是百分之一的灵感加上百分之九十九的勤奋。

——爱迪生

（4）朗读课文。在早读课上选取课本中的重点篇目、重点段落进行大声朗读。掌握朗读的节奏，体会课文的思想感情，加强普通话的训练。

（5）参加辩论。积极参加学校或班级组织的辩论赛、辩论课，通过辩论激发兴趣，锻炼思维，同时提高语言表达能力。

培养口语表达能力，是一个长期训练的过程，它需要行之有效的方法和坚持不懈的努力，只要持之以恒地锻炼下去，同学们的表达能力就会有显著的提高。

第八节　方法比知识更重要

西方流行这样一条“知识折旧”定律：一年不学习，你所拥有的全部知识就会折旧80%。据估算，任何一个人在学校求学阶段所获得的知识，不过是他一生所需的10%甚至还不到，其他90%以上的知识则必须在离开学校之后的自学中不断获取。今天的时代已经成为终身学习的时代。只有培养了自学精神、自学能力，才能够真正实现终身学习，否则终身学习只能是一张永远不能兑付的空头支票。

一位仙人练成了“点化术”，无论什么东西只要轻轻一点，便会变成他想要的东西。

所谓天才，那就是假话，勤奋的工作才是实在的。

——爱迪生

一次，仙人遇一乞丐，顿生怜悯之心，便为他“点”出了许多食物和衣服。

可乞丐似乎并不满足，于是，仙人问道：“你还想要什么，尽管说出来，我会满足你的。”

乞丐望着仙人，怯生生地说：“我想学您的‘点化术’。”

在学习的过程中，有的人捡到了石头，学到了一些废旧的知识；有的人捡到了金子，学到了一些宝贵的知识；有的人则掌握了点石成金的方法，凭此可以源源不断地学到新的知识，以适应时代和社会不断发展的需要。

学习不仅是为了学到具体的知识，更是为了学到方法。在当前知识“折旧”速度如此之快的情况下，学到如何学习的方法远比学到具体的知识重要。

可是，方法在哪里呢？我们又该如何学习呢？

方法首先存在于各个具体的学科当中。

比如语文课上学习汉字，一般都是遵循着“形”、“音”、“义”的研究方向；分析小说，一般都是从人物、环境、情节三个要素入手；写记叙文，则要从时间、地点、人物和和事情发生的原因、经过、结果六个方面进行叙述。这些都是语文学习中的一些具体方法。

又如在四则混合运算当中，有交换律、分配率、结合律；在

首先和最后要求于天才的事，就是热爱真理。

——歌德

数学推理中，有从一般到特殊的演绎法和从特殊到一般的归纳法；解数学题时，会用到反证法、换元法、待定系数法、配方法、消元法、因式分解法等等。

此外像历史、地理、生物、政治、化学、物理、外语等各个学科都有自己独特的一系列方法。老师在课堂上讲授这些时，同学们要格外注意去听。掌握了这些方法，对于无论是做题还是学习、理解知识点都有非常大的帮助。

各个学科中的方法基本可以分为两大类：一类是作为“方法”被明确提出来的，例如前面提到的“反证法”、“换元法”、“待定系数法”；另一类则是作为一种“思想”融于知识中，例如数学中的“数形结合法”、历史中的“横向比较法”、“纵向比较法”等等。明确提出的“方法”容易被人注意和理解，而作为“思想”融于知识中的“方法”则容易被忽略。要想真正把知识学懂学透，在听课中对这两种“方法”都要注意学习。

学习一个知识点可以掌握一条具体的知识；学习一种方法则可以学到无数的新知识，解决无数的新问题。

要想学到方法，在听课中捕到“渔”，就必须要有强烈的“方法”意识，善于从具体的学习过程中捕获“方法”。

当老师在课堂上讲一个具体的章节或问题时，许多同学都是把注意力放在最后老师得出什么结论或结果上，而很少认真关注

勇敢里面有天才、力量和魔法。

——歌德

老师分析、解决问题的思路和过程。而其实恰恰就是前面的思路和过程，才是大家应该学习的核心和精髓所在。有了它，后面的过程和结论自然就出现了；没有它，即使把结果或结论告诉大家，下次再遇到时大家仍旧不知道如何去应对解决。

有经验的老师提出问题、分析问题、解决问题，都有一套方法。他们的思路，是按照教材的系统，依据于认识的客观规律的。会听课的同学，一方面是学知识，一方面就是学思想方法和处理问题的能力。

老师在讲课中思考的方法，逻辑推理的能力，同学们在听课的时候要特别注意，一面仔细听，一面开动脑子思考，务必把来龙去脉搞清楚。学会、掌握了这种方法，对大家是大有好处的，它不仅可以大大减少死记硬背的功夫，而且以后在遇到类似问题的时候，即使老师不在身旁，自己也可以推导、归纳出主要的东西来。

只有在听课中捕到“渔”，才能真正实现听课的目的，才能学到更多的东西。

只有有天才的人才能发现天才的幼芽，发展这些幼芽，并善意地给予他们以必要的援助。

——圣西门

第七章　克服障碍，赢在课堂

在课堂学习中，听课是非常重要的一个环节。可是，由于这样或那样的原因，同学们在课堂上总是不可避免地会出现种种影响听课效率的问题，诸如注意力不集中、无端走神、打瞌睡、焦虑等等。那么，影响听课效率的因素究竟都有哪些呢？面对在课堂上出现的这些势必影响听课效率的状况，大家又该采取什么样的方法来予以克服呢？针对这些问题，我们有必要一一地来进行专门探讨。

第一节　是什么影响了听课效率

听课效率低是家长和老师们最头痛的问题之一，也是影响同学们学习的重要因素。同样是在听课，各个同学的表现却并不一样。有的同学全神贯注，而有的同学则心不在焉。过程不同，结果自然也就不一样，认真听课的同学大多取得了较好的成绩，而

必须记住我们学习的时间有限的。时间有限，不只由于人生短促，更由于人事纷繁。

——斯宾塞

心不在焉的则往往成绩都不理想。

那么，是什么原因导致听课效率的不同呢？

1. 听知觉能力发展欠佳。

部分同学的听课效率差不是因为听觉不好，而是听觉能力发展失衡。听觉是指耳朵听到了信息，而听知觉是指耳朵听到了信息经大脑复杂的处理以后所具备的一种能力，是学习能力的一个重要组成部分。同学们在学校里的学习活动中，用得最多的就是听知觉和视知觉，听知觉直接决定了同学们在课堂上的听课效率，比如，老师上课时讲了 13 个知识点，如果大家的听觉集中程度不够的话，有可能一个也没有听到，或者少听了两个或三个，那么大家的听课效率就会受影响，这就是听觉集中。还有的同学能抓住关键词，而有的抓不住重点，这与大家的听觉宽度有关。此外听觉记忆和理解直接关系到大家的听课质量，如果听觉记忆和理解差，就会表现出接受信息的能力慢，需要反复听几遍才能理解，并且不能将过去学到的知识和现在所学的知识结合起来，从而影响到对知识的理解，学得慢，忘得快。

此外还有听觉分辨。这是指同学们接受和区分各种声音刺激的能力及对不同声音之间差异区别的能力。如果某个同学的听觉分辨弱，就易出现发音不清、记错别人讲的话、对外界的声音反应迟钝、缺乏倾听的习惯和技能等问题。

能聪明地充实闲暇时间是人类文明最新成果。

——伯·罗素

2. 注意力发展欠佳。

衡量同学们的注意力主要有三个方面：注意力的集中性、指向性和转移性。

有些同学抗干扰能力差，外面一有风吹草动，都会转移他的注意力，这就是注意力的集中性差。上课时老师从一个内容转到另一个内容时，有些同学还沉浸在前面的内容，正在发呆或胡思乱想，这就是注意力的指向性差。还有的同学上课铃响了，还不能集中在课堂上，还在想着刚刚课间休息踢球的事，这就是注意力的转移性差。

造成注意力不集中的原因有生理层面的，也有听知觉和视知觉层面的。

（1）运动知觉发展不足。

有的同学上课坐不住，动来动去，是什么原因呢？

上课坐的时候要靠背部、腰部、臀部的大肌肉做支撑，有些同学由于0~6岁活动量少，上了小学后还不会跳绳，不敢走平衡木，不会抛球，不会翻跟头，身体的协调性差，肌肉力量不足，往往动作笨拙，不能有效地控制自己的行为。上小学了，就要靠动来动去来维持自己的注意力，许多感觉信息未能传递到大脑，从而出现视而不见、听而不闻的现象。

（2）认知能力差，理解力差。

时间没有现在，永恒没有未来，也没有过去。

——丁尼生

有些同学注意力不集中，另一个原因是不能理解老师的上课内容，无法从老师的授课中得到任何有意义的信息。老师讲的知识未能进入这部分同学已有的知识结构，他们根本不知道老师讲的是什么，因而必然会找一些自认为有趣的事来做。

（3）视动协调能力差。

视动协调是指同学们的手眼协调能力，它直接影响到大家的阅读和完成作业。有些同学写作业磨蹭、拖拉、动作慢，写作业时间长了，他们会觉得十分疲劳。这部分同学的手部精细动作、视觉宽度和视觉分辨都落后于其他同学，他们一般不足以应付大量的抄写任务。

3. 环境因素的影响。

（1）语言刺激少。

（2）不良的家教方式。

（3）得不到家长或老师的关注。

4. 不良习惯的影响。

有的同学上课时眼睛不能看着老师维持自己的注意力；有的同学晚上做作业到很晚，睡眠不足，影响第二天的学习；有的同学在课间休息 10 分钟里打闹疯玩，满头大汗，上课铃声一响，急急忙忙跑进教室，身在曹营心在汉，思绪根本没有回到课堂上来，自然也影响到听课效率。

永恒眷恋时间的产物。

——威·布莱克

影响听课效率的因素很多，有内部的也有外部的。对于同学们来说，关键是找出原因，对症下药，这样才能有效提高听课的效率。

第二节　为什么上课总是走神

传说清朝时候，有个县官，因天气热，便想买副竹床躺躺凉快凉快。于是，他把仆人叫来吩咐说："天气热了，你到街上给我买张竹床回来。"说完交给仆人一块洋钱，叫他快去快回。岂料仆人漫不经心地把竹床误听成猪肠，于是肉店老板一看是县衙门的人，连忙挑选一副上好的猪肠，称后还有余钱，又将两只猪耳搭上。仆人一见，眉开眼笑，心想：老爷只叫我买一副猪肠，现在却多了两只猪耳朵，正好给我下酒用，便偷偷将两只猪耳朵塞进自己的裤腰里。

仆人手拿着猪肠回到衙门，眯着双眼对县官说："老爷，猪肠买回来了。"县官见仆人买回来的是猪肠，顿时火冒三丈，骂道："你这个混蛋，叫你去买竹床，为什么买回猪肠，耳朵到哪里去了？"仆人一听，吓得面如土色，连忙拿出两只猪耳朵，颤抖着双手呈上给县官，哆嗦着说："老爷……明察，耳朵在这……"

这则笑话读来引人发笑，仆人闹笑话的原因，主要是注意力

胆怯之心随着时间的消失而消失。

——埃斯库罗斯

分散，误听了县官的话。在学习中，同学们也常有分散注意力的现象出现，比如上课走神。

上课走神是同学们普遍存在的现象，尤其是处在成长发育期的同学。有的同学不管哪节课哪门课都走神；有的同学则是部分学科走神；有的同学常常是在某个时候如下午第一节课出现走神……尽管很多同学下过很多次决心要改变这种局面，但就是改不了。为此，很多同学非常苦恼。

是什么原因导致上课走神呢？

根据经验和专业研究，上课走神的原因一般有以下几种：

1. 对学习的目的、意义认识不足或对所学内容的意义认识不足、目的不明确，缺乏学习的兴趣和责任心。有的同学认识不到自己学习的目的，上课总是抱着无所谓的态度听课；有的同学上课虽然想认真听，可是不知道该听什么，注意力一会儿集中，一会儿又分散，老是飘忽不定；有的同学总是凭兴趣听课，遇到不喜欢的老师和学科就不认真听……久而久之，就会出现上课走神。

2. 受外界环境因素的干扰。如家庭或周围生活发生重大变故，牵扯精力，或者受教室外的噪音、课堂上的偶发事件等因素的影响，思维容易走神。

3. 不能与老师的讲课同步。部分接受能力强的同学反应敏

没有人不爱惜他的生命，但很少人珍视他的时间。

——梁实秋

捷，理解教学内容快，他们认为老师讲课的节奏太慢，内容太简单，听不听都无所谓，因此容易出现走神；而部分基础知识有缺陷的同学，上课则总是跟不上老师的节奏，常常不知道老师讲到了哪里，因而也出现走神。

4. 过去养成了不良的学习习惯，上课注意力总是不集中，于是认为自己无可救药了，从而放弃努力，任随自己处于走神状态。

5. 身体因素，包括饥渴、疲劳、生病等。有些同学身体虚弱，作息时间安排又欠妥，大脑无法长时间运转，难于集中精力投入学习，因而不由自主地会走神。

6. 心理或情绪因素的影响。比如考试分数比别人低，受到了老师的批评、同学的嘲笑，或是与同学或家长发生了矛盾、误会等等，上课心里一直老想着，思维往往容易走神。

7. 青春期发育，过多关注教室里的异性，思维容易走神。这在中学生当中比较常见。

8. 抽象思维发达，想象力丰富。往往从老师讲的某个地方开始引申发散性联想思考，思维也容易走神。

导致上课走神的原因很多，同学们针对自己的情况，应采取恰当的措施，对症下药，予以克服。

时间是送给我们的宝贵礼物，它使我们变得更聪明，更美好，更成熟，更完美。

——托马斯·曼

第三节 上课走神怎么办

张扬近来很苦恼，他发现自己上课时总是走神儿，不是想着昨晚的电视情节，就是盼着下课去操场上踢球。他尽力使自己集中精力，可不一会儿就不知不觉又走神儿了。这可怎么办呢？

张扬的苦恼属于学习方面的行为问题，即上课精力不集中，出现走神。

所谓“走神”，在心理学上则称之为注意力不集中。

什么叫注意力？心理学家认为：注意力是心理活动对一定事物的指向和集中。用通俗的话说，就是我们在做一件事的时候，大脑把全部精力都倾注于这件事而不去关注其他事情或问题。不同的人保持注意力的时间是不同的，也就是说注意能力的差异是客观存在的。但是，注意能力也可以通过生活实践的锻炼而得到改善。

那么，怎样克服上课注意力分散、老是走神的毛病，专心致志地听好课呢？

1. 要增强上课的目的性。上课前在心中默默地下决心：我一定要将这节课的内容当堂消化掉。有没有这样的心理准备，上课时的精神状态和学习的效果大不一样。实验证明，有这种心理准

把时间用在思考上是最能节省时间的事情。

——卡曾斯

备的同学几乎能消化当堂课内容的40%左右。同时要带着问题听课。在哪门课上爱“走神”，就专门预习哪门课。经预习后，同学们就可以带着问题有目的地组织自己的智力活动。比如，有的问题在预习中没搞懂，就应该加倍注意；有的问题书上并没有，而是老师补充的，则要认真听，然后简要记在本子上。这样有目的地听课就不容易“走神”。

2. 打好知识基础，扫除听课障碍。有些同学学习基础不够扎实，知识缺漏多，造成听新课困难和听不懂，这样就很难集中精神往下听了。这些同学解决上课分心的首要任务是扎扎实实打好基础，及时补好知识缺漏，形成学习上的良性循环。另外一些同学则是因为老师讲的都已经懂了，觉得没有必要认真听而走神。这些同学需要把听课的目标定得高一些，当的确听懂之后，应该在心里与老师不出声地对讲。通过这种对比，同学们会发现老师讲课的重点、难点或自己的疑惑点，这样不仅提前将所学内容复习一遍，而且会加深对所学内容的理解，当然也就不会走神了。

3. 戒除不良习惯，净化学习环境。有的同学上课时精力不集中，往往和上课做小动作相关。比如手里玩钢笔或小玩具，在课桌上涂涂画画……这些动作往往干扰了大脑对课堂学习内容的注意，由于注意力分散，听完课后印象并不深。戒除不良习惯的方法是要通过净化学习环境的方式来实现对自我的控制。比如课前

拖延时间是压制恼怒的最好方式。

——柏拉图

收起与上课无关的报纸、杂志等容易分散注意力的物品，爱玩东西的同学上课时可以把手放在膝盖上或背到背后等，这些都可以保持注意力的高度集中。

4. 加强意志锻炼，提高自我控制能力。上课坐 45 分钟难免会辛苦，也难免会有内外的干扰，这时要凭意志力来自我约束、自我监督、自我控制。把注意力自始至终集中到听课上来。

5. 生活要有规律。按时作息，保证充足的睡眠，克服看电视或玩游戏机到深夜的习惯；避免用脑疲劳；积极参加体育活动；不要让无聊的事耗费宝贵的精力，以保证有充沛的精力来满足课堂上学习的需要。

6. 养成注意习惯。上课过程中，要会“自我提问”，积极进行思考；出现“走神儿”时，要会“自我暗示”，保持注意的稳定；课堂临结束时，更要使注意保持紧张状态，决不能虎头蛇尾。俗话说“习惯成自然”，从养成良好的注意习惯入手，才是全面提高注意力、防止上课走神的捷径。

下面介绍几种具体的克服上课走神的办法：

1. 自我暗示法。

自我暗示能够激发内在心理潜力，调动心理活动积极性，有助于注意力的集中，防止注意力出现涣散。同学们可以在学习时用自言自语的方式提醒自己，如：“集中注意”、“不要分心”、

重复言说多半是一种时间上的损失。

——培根

“努力听讲”；也可以找几张小卡片，在上面分别写上：“专心听讲”、“不要走神”、“少壮不努力，老大徒伤悲”等句子，然后把它们放到平时容易看见的地方，如铅笔盒里，或夹在课本里。这样，上课听讲只要一看到它们，就会提醒自己：“别走神儿呀!”

2. 记录法。

给自己准备一个小本子，专门用来记录走神的内容。比如，今天数学课中在想昨天的足球比赛，那么就要在本子上做记录：“数学课——足球赛——约一分半钟”……这样记录几天以后，再从头至尾认真看一遍，就发现自己胡思乱想的东西是多么无聊，浪费了多么宝贵的时光。渐渐地，同学们就会对走神越来越厌恶，记录本上的内容也会随之越来越少。

3. 训练听课技巧。

有意注意是一种复杂的脑力劳动，时间长了会引起大脑疲劳，导致注意力涣散或分心。训练听课技巧，一是要求同学们做好课前预习，了解老师讲课的重点、难点；二是听课时根据老师讲课的进度，调整听课心理状态，重点问题集中精力，次要问题适度放松；三是带着问题听讲，也可以有意识地寻找问题，发现异点，激发听课兴趣；四是努力追寻老师讲课的思路，找出自己的疑难点，及时提问。

其实上课走神是难免的，一节课里要持久地保持注意力集

磨灭一切事物，唯独恩德，时间越久，它的力量就越大。

——拉柏雷

中，并不是件容易的事。通常，走神的时间并没有我们想象得那么长，所以只要意识到自己走神了，应该立即将注意力集中到课堂上，贯穿一下前后的知识，只要没有遗漏就行了。没必要浪费精力去自责或者懊恼，加重自己的精神负担。

第四节　怎样防止上课打瞌睡

小明是五年级一班的学生，最近不知什么原因，一上课就想睡觉。往往上课老师讲了不到10分钟，他就开始在下面昏昏欲睡。由于上课经常打瞌睡，错过了老师讲的许多重要内容，结果导致学习成绩直线下降，为此，家长和老师都对他提出了严厉的批评，他自己也很苦恼。

同学们上课打瞌睡，一般有以下几方面的原因：

1. 对学习没有兴趣，不想学。于是上课不专心听讲，经常打瞌睡。

2. 基础薄弱，上课跟不上老师的节奏，认为这门科目反正学不上去，不如不学。于是，上课心不在焉，睡意浓浓。

3. 睡眠不足。晚上睡觉过晚，以致白天精力不足，上课打瞌睡。

4. 情绪抵触。觉得该科课堂枯燥无味，或者与该科老师关系

真理的最伟大的朋友就是时间，她的最大的敌人是偏见，她的永恒的伴侣是谦虚。

——戈登

不好，因而一上该课就会习惯性地进入瞌睡状态。

5. 身体原因。课间活动过于剧烈，带来身体上的疲惫；或者身体虚弱，精力难以持续较长时间，听课过程中由于精力不济而犯困。

针对上课打瞌睡的情况，同学们可以采取如下措施来予以克服：

1. 培养自己对于学习的兴趣。比如文科，有些同学不喜欢上语文课但却喜欢读故事书、小说，可以通过阅读这些课外书提高自己的欣赏水平，反过来从语文课当中寻找相似的阅读乐趣，这样就会逐步改变对原本不喜欢的课程的印象，进而对其产生兴趣。

2. 跟上老师和同学的节奏，找到成功的感觉。对于基础较差的同学，要抓紧时间补上落下的课程，做好课前预习，让自己上课时充满信心和乐趣。如果一个同学某一门科目成绩很好的话，相应就会得到该科老师的表扬，同学们对其也会另眼相看，这种感觉是每个同学都很向往的，当然，他（她）在该门课上也就很愿意认真地去听好，这是同学们一种普遍的心理。因此，从自己拿手的科目入手，进而带动其他相对较弱的科目，形成“成绩好被推崇——认真听讲保持被推崇——认真听其他课以求被推崇——其他课成绩提高——其他课被推崇——更加认真听讲”这

真理是时间的孩子，不是权威的孩子。

——布莱希特

样一个良性循环。

3. 保证充足的睡眠，晚上不要睡得太晚。有些同学为了复习备考或者赶完当天的作业，经常熬夜奋战，甚至熬到夜里一两点钟。精神固然可嘉，但却为第二天的正常学习埋下了“隐患”。其实，如果不能在当天晚上完成作业，也可以把时间放到次日早上，没有必要为了完成当天作业而影响正常的休息，导致第二天在课上打瞌睡，得不偿失。

4. 学会适应不同的学科和老师。喜欢的课就认真听，不喜欢的课就不认真听，那样只会让自己处于不利的地位。对于自己不是很喜欢的科目，可以采用“不出声的对讲”引导自己听课；也可以用“快速记录”的方法来控制自己，不必把老师讲的内容都记下来，一句话能记下三五个字就行了，这样无意中就能完整地听完一节课了。

5. 加强体育锻炼，注意饮食起居，合理安排课间时间，有劳有逸，以饱满的精神和充沛的精力投入到学习之中。

第五节　如何克服课堂焦虑

据一项问卷调查发现，80% 的同学在课堂上都会感到不同程度的焦虑感，而 5% 的同学有较重的焦虑感，主要表现为站起来

每个人在某些时间可能是一个蠢材，但没有一个人在所有时间里都是蠢材。

——寄里

很紧张，脸涨得通红；回答问题磕磕绊绊，不能很好地表达自己的观点，甚至即使知道答案也说不出来（而不是不愿说）。这些都严重影响了同学们的发展。

随着教育改革的进一步深化，如何解决传授知识与培养能力相结合的问题越来越受到关注。一些同学很会答卷，不论是多么变化莫测的试题，也都能考出较满意的成绩。但是将学到的知识运用于实际的能力却相对较差，特别是许多同学上课不敢发言，导致课堂气氛沉闷，和新课标的要求有很大距离。因此在由应试教育向素质教育转变的现在，克服课堂焦虑就显得尤为重要。

很多学者用“焦虑感”来形容部分同学的紧张、忧虑状态，并把它分为促进性焦虑和妨碍性焦虑。课堂中同学们常表现为妨碍性焦虑，它较大地影响着同学们的学习效果。

课堂焦虑感又可以分为性格型和环境型。性格型焦虑感具有长期性和相对稳定性，属性格特征的一种。一些性格内向、甚至孤僻的同学所感到的焦虑往往属于这一种。而环境型焦虑则相对短期，处于易变的状态，它本身受老师影响较多，也更易控制。

克服课堂焦虑感就是指对影响同学们课堂参与积极性的紧张及不安情绪的克服。它对同学们学习水平的提高起着至关重要的作用。

那么，大家该如何克服课堂焦虑感呢？

在老年时，会有许多闲暇的时间，去计算那过去的日子，把我们手里永久丢失了的东西，在心里爱抚着。

——泰戈尔

1. 成为有效学习集体的一分子。

所谓有效学习集体，通俗地讲就是学习小组。这种学习小组在明确和接受集体的奋斗目标和任务时，强大的有权威的舆论激励着他们自觉地克服困难、努力学习，并且具有学习的荣誉感和羞耻感，人人争先，团结一致，在为集体“争光”的过程中也使自己得到了很大的提升。

恩格斯曾说过：“个人只有在集体中才能获得全面发展其才能的手段。”班集体对学生有着重要影响。“在学生方面，大群的伴侣不仅可以产生效用，而且也可以产生愉快……因为他们可以互相激励，互相帮助。……一个人的心理可以激励另一个人的记忆。”

在有效学习集体中，同学们应与其他成员积极交往，彼此之间互相信任与依赖，为了一个共同的目标而努力，一致奋斗、人人参与。在以往的课堂发言中，当有同学答不出或者答错时，其他同学往往会哄堂大笑一番。而在有效学习集体中，当有同学答错时，其他同学应给予其积极的帮助；答对时，则鼓掌以示祝贺。这样既活跃了课堂气氛，又增加了同学们体会成功感的机会，大家也就不会再感到焦虑了。

2. 培养积极情感。

所谓积极情感是相对于消极情感而言的，具体来讲，它要求同学们在课堂上充分调动起学习的自主性，使学习快感化，并且

青春是生命中最美好的一段时间。

——黑格尔

乐于当堂展示自己的疑问、看法以及收集到的一些材料，在合作学习中体会成功的快乐。

罗森塔尔是美国一位著名的心理学家，有一次他看到一所小学做所谓“预测未来发展”的测验，于是他就在一份学生名单上圈了一部分人的姓名，并把名单交给了老师，说这些学生智商很高，很聪明，是最有发展前途的，果然这些学生受到了老师的高度关注和重视，因而发奋起来。过了一段时间，他又来到这所中学，奇迹发生了，那几个被他选出的学生现在真的成为了班上的佼佼者。罗森塔尔这时才对他们的老师说，自己对这几个学生一点也不了解，当初他是随便在名单圈的，这让老师们很是意外。

为什么会产生这么大的反差呢？因为每个人都希望自身价值被别人发现和认可，即使他并不聪明甚至有点笨。

所以一旦自身的价值被别人发现，被别人重视，那就会成为一股持久的动力，促使自己重新站起来，抬起头挺着胸膛走路，使自己的成绩一步步地上升。

那几个被罗森塔尔圈中的同学正是因为感受到了别人的期望，认为自己是聪明的，从而提高了自信心，提高了对自己的要求和标准，才最终真的成为优秀的学生。

自信是人成长的标志，是成功的基础。只有树立起信心，有了自信，才能淌过困难的激流，踏过失败的沼泽。

一个正直的人要经过长久的时间才能看得出来，一个坏人只要一天就认得出来。

——索福克勒斯

无数的教学实践都证明，树立自信，培养积极的情感对同学们克服课堂焦虑大有成效。

第六节 合理安排课间休息

课间休息时，大部分同学都跑到室外，有的上厕所，有的活动手脚……唯独小红总想利用这休息时间复习老师所讲的内容。张老师看见后对小红说：“人的大脑好像是一部机器，各有各的分工，上课时，大脑的听、说、思维神经系统开始紧张工作，这是一种很累人的脑力劳动，时间一长，它们累了，人就感到疲倦，记忆力和接受力就下降。所以，为了保证下一节课的效果必须要让大脑得到暂时的休息，否则，大脑疲劳会影响上课听讲的效果。”

学校里每节课之间都有10分钟的休息时间，这是学校生活制度方面的一项合理规定。短短的休息，能使同学们的大脑和维持静坐的肌肉更快地消除疲劳，调整长时间静坐对身体所产生的不良的影响，从而更好地投入到下节课的学习当中去。

课间10分钟的作用并不仅仅是休息，现代心理学的研究证明，它还有巩固我们刚刚学到的知识的记忆作用。

科学家们曾经做过一个关于动物的“学习”实验。将鼠分成

人们说得好，真理是时间的女儿，不是权威的女儿。

——培根

若干组，让它们“学习”同一个动作，例如，让它们一看见灯光就逃走。在每一次“学习”之后，对鼠进行比较强的电流电击，使其昏厥。显然，这对昏厥以前形成的神经细胞电活动是一种扰乱。这种电击，有的组在鼠“学习”后几十分钟或几个小时后再进行。结果，在“学习”后立即给予电击组的鼠成绩非常坏，每次都学不到什么，第二天又得重新学。而那些“学习”后相隔时间比较长加以电击的鼠，成绩却非常之好，电击后的昏厥对它们几乎一点作用都没有，说明上次的“学习”内容已经保持在鼠的脑子之中。

有些心理学家对一些需要采用电休克方法医治的精神病人，做过类似实验，得到了相同的结果。

这些实验和事实说明，在学习以后的一定时间内，尽管我们自己并没有意识到，但大脑的神经细胞活动还是在自动地持续着。因此，决不要忽视课间短暂的10分钟休息时间，它对巩固上一节课学习内容的记忆是很有意义的。

在课间休息时，最好的休息方法是到户外进行轻缓的体力活动。身体要进行肌肉活动时，大脑皮层中的一部分神经细胞开始“工作”——兴奋，并迫使进行脑力劳动的神经细胞休息。这样，大脑皮层中的神经细胞就可以轮流“工作”，交替地得到休息。同时，由于体力活动引起呼吸运动的加深和加快，吸入更

惜时如金，如果有什么需要明天做的事，最好现在就开始。

——富兰克林

多的氧气，使大脑得到更多的氧气补充，脑细胞的功能得以更快恢复。

但是，课间活动不宜过于剧烈。有些同学在课间休息时，喜欢参加跑步、打篮球等剧烈运动，这种做法其实并不可取。

首先，剧烈运动会影响听课。因为剧烈运动后心跳明显加快，常常由安静时的每分钟 70 次左右增至 120 ~ 140 次，加快的心率通常需要 5 ~ 10 分钟才能完全恢复正常，而课间休息时间很短，剧烈运动后不可能有充裕时间来调整恢复上课，心跳不平静很难集中起所有注意力，这势必会影响听课效果。

其次，课间剧烈运动会影响健康。一节课的紧张学习，使大脑处于高度兴奋状态，而腰及四肢肌肉处于静止状态，如果这时毫无准备地去进行剧烈运动，身体很不适应，容易引起运动性创伤。假如在冬天，剧烈运动后大汗淋漓，未经抹洗更衣，穿着湿衣服继续上课，很容易着凉感冒，甚至并发其他严重疾病。

课间休息时参加剧烈运动会导致过多消耗热量，体力下降。而现在不少同学的饮食配置又很不合理，早餐吃得很少，有的甚至不吃，这样本身供给的热量往往不足，而课间剧烈运动又加重了这个不足，很容易发生低血糖反应，出现疲劳、头晕、眼花和记忆力下降，除影响学习外，还会损害同学们的健康。

丢失的牛羊可以找回；但是失去的时间却无法找回。

——乔叟

因此，在课间休息的10分钟时间里，同学们既不应坐在教室里继续学习不活动，也不宜参加剧烈运动，比较理想的休息方法是下课后立即到室外去呼吸新鲜空气，舒展一下身体，做一些比较和缓的运动，如做操、游戏、散步和远眺等，这样才有利于身体健康和学习效率的提高，从而达到课间休息的目的。

昨天只是今天的回忆，明天只是今天的梦。

——吉卜龄

第八章　及时复习，强化上课效果

一般来说，我们在课堂上、书本里学到的知识大多是间接知识，不是自己靠实践得来的，因此印象往往不会太深刻。如果没有课后复习这个环节，来巩固所学的内容，书本上的知识就不能真正转化为自己的知识，也就不能最终达到自己的学习目的。因此，我们要在课后及时复习，强化上课效果。

第一节　趁热打铁，及时复习

李亮是某中学的学生，平时学习成绩优异，但又看不出他的学习比其他同学更费力气。在一次班会上，老师让他给班里的同学介绍自己的学习方法。他介绍了这样的经验：在开始学习的时候，父母就有意识地培养他及时复习的习惯。要求他除了把老师布置的作业完成以外，还必须把老师当天的讲课内容在脑海里过一遍，不懂的地方一定要在当天弄明白。原来，这就是他学习成绩一直优异的关键之处。

选择机会，就是节省时间。

——培根

一般来说，许多同学在听课之后，不管是否已经理解和掌握所学的知识，就埋头做作业。他们把做作业看成是课后唯一的学习任务。实际上，这种做法忽视了及时复习这个重要环节。按照学习的正常程序，课后应当首先及时复习当天上课的内容，然后才去做作业。

根据艾滨浩斯遗忘曲线，遗忘是在学习之后立刻急速发生的，以后随着时间的流逝而逐渐变慢。根据艾滨浩斯所总结的遗忘规律，首先要注意到遗忘是立刻发生的，而且此时遗忘率最高，所以一定要及时复习，通俗地讲，就是要“趁热打铁”。不知你是否注意到，这节课讲过的东西，到下节课再来提问的时候，很多学生都会急着去翻书翻笔记，这就是没有及时复习，使得所学的知识被迅速遗忘了。

所以，进行课后复习的时候，应尽可能地让上课与复习之间的时间缩短，这样能够清晰地回忆起老师所讲的内容，也就能更好地记住自己所学到的知识。

及时复习是将知识结构化、系统化以便记忆，同时概括出本节课所学的知识要点，该理解的理解，该记忆的记忆。通过课后的及时复习，可以进一步了解这节课的学习重点，哪些已经得到掌握，哪些还比较模糊等问题。及时复习一定要在遗忘之前进行，不要在忘掉以后再来复习。所以，做好及时复习要趁热打

浪费时间是所有支出中最奢侈及最昂贵的。

——富兰克林

铁，这样才能达到事半功倍的效果。

课后及时复习时，要做好四件事：尝试回忆、精读课本、整理笔记和选读参考书。

第一步，尝试回忆，就是合上课本和笔记本，在听课的基础上，把所学的内容回忆一遍。回忆是一种积极主动的学习活动，需要高度集中注意力，把学过的知识在头脑中再现一遍，从而巩固所学的知识。这样，既可以检查听课效果，又可以加深对知识的理解，还能养成勤于思考的习惯。

第二步，精读课本。尝试回忆后，应该从头到尾地去精读课本，因为课本中写的是需要记住的最基本的概念和最基础的知识，必须认真阅读。对已经理解和记住的部分，不用再花过多的时间，要把时间花在回忆时想不起来或记不清楚、印象模糊或记忆错误的部分。

看的时候要随时在书的空白处写上简要的带有提示性、概括性的词语，以便再查阅时从这些批注中迅速地得到启示，回忆起书中的关键内容。

第三步，整理笔记。笔记本除了要用来做好上课的记录外，还应当在平时不断地加工，把笔记本变成在复习时真正有用的宝贵资料。

整理笔记要先把上课时没有记下来的部分补上，再把记得不

正当利用时间！你要理解什么，不要舍近求远。

——歌德

准确的地方更正过来，以保证笔记的完整性和准确性，然后把笔记本上记录的疑点弄明白，如果需要，把有关内容补进笔记本内。

第四步，选读参考书。选读是一种知识扩展和延伸的自主性阅读。在不能很好地理解课文内容、笔记缺漏的情况下，可以向参考书寻求帮助。即使掌握了基础课本知识，选择与课文知识同步的内容进行阅读，对于加深课文知识的理解还是有好处的。通过查阅参考书，解决自己的问题，深化所学知识的理解，从而扩大自己的知识面。

第二节　及时复习，同遗忘作斗争

2004 年考入北京大学历史系的胡昌梅在谈到自己的听课经验时说：“每次课后用 2 分钟将上课内容回忆一遍。这对巩固课堂知识非常重要。45 分钟一个课时，随后休息 10 分钟，这就给我们课后及时回忆所学内容提供了时间和可能。”

俄国教育家乌申斯基曾经把不能巩固地掌握知识比作喝醉酒的马车夫，忘记了所装载的东西捆在车上，也不往后看看，只是一个劲地往前赶路，东西颠簸丢了也不知道，结果赶回家去的仅是一辆空车。中国“熊瞎子掰苞米”的故事更是妇孺皆知，熊瞎子每掰一个新苞米，便夹在腋下，同时扔掉了前一个旧的。这样

不要懒懒散散地虚度生命。

——贝多芬

忙了很长时间，还只是有一个苞米。这个故事告诉我们：要及时复习，温故知新。

复习，就是重温已学过的知识，它是巩固知识、防止遗忘的主要手段。

在学习中，常听一些同学讲："我的脑子笨，学过的东西，很快就忘了。"其实，脑子再聪明，也不可能不遗忘。对学过的知识进行及时的复习，使记忆的痕迹或暂时神经联系在遗忘迅速发生之前得到强化，是同遗忘作斗争的最有效方法。

据一份调查统计，重点学校优秀生能及时复习的有77.2%，而一般学校学生课后及时复习的仅有25.3%，"有时候复习"的占57.5%，还有15.2%的学生"临考前才复习"，这项调查还指出：优秀学生普遍重视复习，一般学生往往不注意复习，他们常常忽视这一无人检查的环节，有的学生甚至连书都不看，就忙着做作业。这正是造成优秀生和后进生学习差距和分化的重要原因。因此，要想真正搞好学习，就必须重视课后复习这一环节。

那么，怎样进行有效的课后复习呢？

1. 试图回忆。

试图回忆，就是"过电影"，在大脑的荧光屏上，放映老师上课讲的内容：这节课的学习重点是什么？老师主要讲了几个问题？哪些自己已经弄懂了？那些还没有懂？哪些不完全懂？

不守时间就是没有道德。

——蒙森

心理学家发现，试图回忆是一种积极的智力活动过程。能养成善于动脑思考的习惯，能强化记忆力，易于建立新的暂时神经联系和恢复已有的神经联系。同时，试图回忆又是一个自我检查的过程，如果自己能独立地回忆出全部或大部分内容，那就证明自己的上课效果是好的，也就是在领会的基础上将所学知识基本上记住了，也能清楚地了解回忆中的错误和不能回忆的部分，从而集中力量掌握和纠正它。换言之，它使整个复习更具有目的性和针对性。

2. 课后小结。

学完一节课，同学们要及时总结。这样一来，记忆得到了强化，不清楚的地方可以及时想办法补救。

课后小结一般可以从以下几个方面去进行：

（1）回顾一堂课从头至尾的过程，这节课主要内容是什么。老师开头是怎样引入的，中间是怎样引导分析的，最后是如何总结归纳的。弄清来龙去脉。

（2）合理评价老师的思路。在理清老师思路的基础上，思索老师用了哪些思维方式，思维过程怎样。

（3）概括出本节课所学知识要点，并将它纳入自己已有的知识结构，以达到融会贯通。

“重复是学习之母”。重视课后复习，培养课后及时复习的习

最不善于利用时间的人最爱抱怨时光短暂。

——拉布吕耶尔

惯，坚持在课后尝试回忆，进行小结。只要做好课后及时复习的工作，学习效果就会大大提高。

第三节　巧用复述，强化记忆

赵晓辉上初中了，可是他整天都在抱怨："课程这么多，时间少得可怜，哪够用呀，老师不是让背这个就是背那个，我真的很苦恼。我觉得我没有时间背东西，更没有时间复习。"面对赵晓辉的境况，相信很多同学都深有体会吧！

不要总抱怨时间不够用，没时间安静下来复习。其实，复习并不一定要坐在书桌前才能进行。当你上完一节课，不妨合上课本、笔记等，用复述的形式让自己刚刚学习完或复习过的知识在大脑里迅速地再现几遍，加深印象，增强记忆。

复述就是对自己学过的知识提出问题进行回忆、口述解答，复习已经学过的主要内容，起到自我检查、加强记忆的作用。复述能发现学习中的薄弱环节，以便及时补上，复述还能找出学习中的难点，以便集中精力重点突破。

我们一起来看看拥有好成绩的鲍小磊同学是如何进行学习的："我每天晚上回家做完作业后，都要把白天课堂上的内容在脑子里像放电影那样回忆一遍，以加深印象，增强记忆。当然，

零星的时间，如果能敏捷地加以利用，可成为完整的时间。所谓"积土成山"是也，失去一日甚易，欲得回已无途。

——卡耐基

运用这种学习方法的前提是上课认真听讲。否则，只会是‘巧妇难为无米之炊’。通过几年的实践，我觉得这种学习方法对我的学习帮助很大。而这种学习方法，是我在上小学四年级的时候发现的。有一天晚上，我正在看《古诗三首》，突然停电了。当时，我就坐在那儿回想刚才看过的课文，没想到轻而易举地就把课文中的一首诗《三行》背了再来，而且印象特别深。”

在复习的过程中，你也可以像鲍小磊同学一样用复述的形式进行课后复习。下面，我们谈谈复述的几种方法：

第一种：课后复述。上完一堂课或看完一篇课文后，你可以用几分钟的时间概括老师讲授的内容或这段的中心思想，及时抓住重点，加强理解和消化。

第二种：全天复述。在一天学习完后，安静地回忆自己一天所学的内容，默想一遍。

比如进行课后的及时复习，你可以这样回忆：

上午：

第一节：语文。今天讲了鲁迅的《从百草园到三味书屋》，不必说碧绿的菜畦，光滑的石井栏，高大的皂荚树，紫红的桑葚；也不必说鸣蝉在树叶里长吟……

第二节：英语。今天老师讲了新语法，语法规则是……其中课文的主题是……还练习一会儿听力……

时间带走一切，长年累月会把你的名字、外貌、性格、命运都改变。

——柏拉图

第三节：数学。讲了正弦函数。正弦函数是指……

第四节：历史。本节课是“鸦片战争”，主要讲了鸦片战争产生的背景、过程、意义……

下午：

第一节：体育。今天老师教了投篮……三步上篮的要领是……

第二节：地理。今天讲的是“地震”，地震的形成原因是……

第三节：班会。班会上老师主要强调的是……

经过回忆、复述，当天的知识当天消化理解，没有疑点和疙瘩的遗留，这样的学习才能轻松、愉快，甚至随时的摸底考试都能应付自如。

“放电影”的好处有：可以及时检查、了解自己学习知识掌握的情况；及时发现自己的弱点、难点、薄弱环节，并可以及时进行处理，弥补知识上可能出现的空白；可以深化理解，锻炼自己抽象概括的思维能力，形成良好的知识结构，同时增强记忆效果；可以及时清理思维，清楚心理障碍和心理垃圾，提高自信心；把心理机制调节到最佳状态。

“放电影”操作简单、灵活，时间和空间的随意性较大，因此在实际学习生活中要经常使用：课后“放电影”，可以选择在

不知明天该做什么的人是不幸的。

——高尔基

走廊休息时进行；可以选择在伏案休息时进行；可以选择在饭后空闲时间进行；可以选择在睡前整理东西的时候进行；可以选择躺在床上未入睡之前进行。只要有心，善于利用零碎时间，就可以任意操作。

这样的“放电影”，我们只需要花少量的时间就可以数倍地提高自己的记忆力，同时又能很好地利用时间，有效利用时间。时间一长，我们期望的“成就感”就会逐渐建立起来，进而形成良好的学习习惯，这将会是“克敌制胜的法宝”。

第四节　有计划的复习，使知识系统化

我国清代杰出学者顾炎武可以背诵14.7万多字的《十三经》。他的诀窍就是每年要用3个月的时间复习背过的书，每天200页，温习不完绝不休息。据说他在旅行途中，就是骑在马背上，也会随时随地默默背诵。对于读过的书，如果发现有背不上来的地方，他就赶快停下来，拿出来温习。

课后复习是上课的继续和补充，它将完成上课所没有完成的任务，这就是在复习过程中达到对知识的深刻理解和掌握，在理解和掌握知识的过程中提高运用的技能技巧，进而在运用知识的过程中，使知识融会贯通，举一反三，并且通过归纳、整理达到

庸人费心将是消磨时光，能人费尽心机利用时光。

——叔本华

系统化，使知识真正消化吸收，成为自己知识链条中的一个有机组成部分。

复习有许多种，根据复习的内容和时间，我们可以把复习分为课后的及时复习和系统复习。及时复习，即每次上课后的复习，这是最重要的复习。课后及时复习的内容主要是当天学的知识，复习的多少和水平多是自主安排。对于平时的每日复习，在开始复习之前，我们都要先制订一个切实可行的复习计划。我们要依据自己平时的学习情况、作息时间、学习场所等因素来制订计划。不能照抄照搬其他同学的复习计划，只有列出适合自己的复习计划，才能达到复习的目的。

课后复习可以使知识系统化。知识的系统化是指对知识的掌握达到了一个更高的境界，也就是从整体、全局或联系中去掌握具体的概念和原理，使所学的概念和原理回到知识系统中的应用位置上去。

复习的最重要任务是解决各部分知识之间的联系，要在分析、比较的基础上，进行综合、归纳、抽象、概括，从而完成知识系统化的工作。但是如果平时不抓紧学习，复习时一下子就会陷入到对一个个基本概念的理解中去，名为复习，实为补课了，因而导致复习的进展极慢。由此可见，抓紧平时的学习是搞好复习的基础，复习是平时学习的深入和继续，二者不可分割。

善于选择要点就意味着节约时间，而不得要领的瞎忙，却等于乱放空炮。

——培根

在进行课后复习的时候，首先要做好准备工作，只有这样，才能“有备而战”。复习准备主要包括主题准备、时间准备、材料准备三个方面的工作。

1. 主题准备：复习之前一定要明确这次复习的中心内容，复习时要围绕这个中心内容来进行。如果不明确中心内容，拿起课本从头读到尾，这样就不能称之为复习，只能算是一种重复，最多能起到熟悉的作用，细究的话知识还是分散的，没有形成体。

2. 时间准备：由于复习要看、要想、要查资料，还要写复习笔记，“工作量”比较大，因此复习的内容和复习的时间都必须相对集中。

3. 材料准备：当复习的中心内容确定之后，一切与中心内容有关的课本、笔记、作业、试卷以及参考书都应当尽可能准备齐全。确保复习时想到某一个需要查阅的内容，资料伸手可得。

很多同学只重视课堂上认真听讲，课后完成作业，而不重视课后复习，有的同学根本不进行复习，其中最主要的原因不是因为没有时间，而是因为没有认识到复习的重要性。复习要持之以恒，逐步养成良好的学习习惯。“三天打鱼，两天晒网”的复习态度是要不得的，这样的复习起不到多少效果，弄不好，这样的复习还会影响学习的积极性。

人若把一生的光阴虚度，便是抛下黄金未买一物。

——萨迪

第五节　课后复习，重视基本内容

赵晓瑞在复习时一般不再复习书上的基本内容，只是一味地注重做难题、偏题，她认为："如果这些题我都攻克下来了，那么，考试的时候肯定会万无一失了。除了难题我不怕外，经过这样的训练，我的考试时间肯定会有保证的。至于那些简单的内容就没必要看了，因为老师课上已经讲过了……"

其实，这样的想法是极其错误的。进行课后复习，应该在基本内容的基础上进行延伸、扩充，而不是一味地追偏、求难。试想：基本的内容都没有理解掌握，要想运用其解决问题，或在其基础上进行难点的攻破，难度是多么得大！

复习时要做的事很多。有一大堆复习资料等着我们去做。千头万绪抓根本。什么是根本？就是基础。基础知识和基本技能技巧，是教学大纲也是考试的主要要求。在"双基"的基础上，再去把握基本的解题思路。解题思路是建立在扎实的基础知识条件上的一种分析问题、解决问题的着眼点和入手点。再难的题目也无非是基础东西的综合或变式。在有限的复习时间内我们要做出明智的选择，那就是要抓基础。

例如，许多同学在课后复习时对数学基础题没有给予足够的

> 正如每一条金镂是宝贵的，每一刻时间也是宝贵的。
>
> ——梅森

重视，认为题目看上去会做就可以不加训练，结果常在一些“不该错的地方错了”，最终把原因简单地归结为粗心大意，从而忽略了对基本概念的掌握，对基本结论和公式的记忆及基本计算的训练和常规方法的积累，造成了实际成绩与心里感觉的偏差。

可见，数学的基本概念、定义、公式，数学知识点的联系，基本的数学解题思路与方法，是课后复习的重中之重。我们在掌握基本知识点的基础上，必须对基本的解题思路与方法进行小结与归纳。上课时要把老师解题的方法，主要是数学思维方法学到手。每个学生必须对数学基本题的要求及应答方法、技巧做到心中有数。只有这样，才能在攻克难题时有基础可依靠。

我们在进行语文的复习时，对于古诗词来说，应该先过好此关：理解→背诵→默写。对于每句诗词应在理解的基础上进行背诵，在背诵的基础上进行默写；对于文言文过关：规定篇目的背诵、主要知识点的归纳（包括常用文言实词、虚词、通假字、词类活用、古今异义词、一词多义等）；对于现代文过关，规定篇目的背诵、主要知识点的归纳、挖掘文本的写作价值。在不理解字词、语句等的基础上进行的背诵，及时背得滚瓜烂熟也是无用，这样的表面记忆只能瞒过老师上课的提问，对于具体的考试中的应用是毫无用处的。

在进行写作方面的复习时，应该坚持动手的原则，不要觉得

思往事，惜流芳，易成伤。

——欧阳修

简单，认为其只是对基本内容的重复，而忽略了练习。长期不动手，久而久之，你的写作能力只能逐渐“退化”。

总之，基本内容是不可忽视的，只有在掌握了基本内容的基础上，我们才能向难点、难题提出挑战，眼高手低的心态是千万要不得的。

第六节　及时整理和完善课堂笔记

张娜是一名优等生，她在一次访谈中谈及自己的学习心得时，是这样说的：“我的学习经验之一，就是不光要会记笔记，而且还要善于整理和使用笔记，使笔记便于复习时使用，以发挥笔记的最大功效。”

课堂笔记不应下了课就闲置一边了，它在日常复习中应该得以恰当地使用。有些同学记了笔记后就放在一边从来不用，这样的笔记就没多大用途了。作为一个学生，应当经常看笔记，温故知新，才不至于遗忘。每天放学后，应当把刚刚整理过的笔记再看一遍，并在空白处随时记下自己新产生的想法和问题。这样做，不仅使学过的知识能得到巩固，也能为下一堂课做好知识上的准备。

但是，由于种种原因，同学们在课堂上所做的笔记，往往比

好花盛开，就该尽先摘，慎莫待，美景难再，否则一瞬间，它就要凋零萎谢，落在尘埃。

——莎士比亚

较杂乱。然而，为了巩固学习效果，很有必要学会整理课堂上做的笔记，使之成为清晰、有条理、好用的参考资料。

我国著名的有机化学、药物化学家，中科院院士蒋明谦，在中学时代就非常善于记笔记。他曾说："我认为要学好一门课，真正能掌握这门学科的内容，就需要把几种课本编写体系的异同和重点弄清楚，并选择一种课本的骨架为中心，把具体的事例穿插进去，摆到适当的地位，写出一套自己编制的笔记。在上初中的三年中，我就这样把物理、化学、生物等课程的笔记都修改过或重写了一遍，它花去了几乎所有的课余时间。这套笔记对我考取几个大学预科，以及后来顺利地考入本科起了很大作用。"

由以上的事例可以看出，笔记是一份珍贵的复习资料。由于课堂上要边听边记笔记，有时就不可能完整、准确地记好笔记，有些体会，课上也来不及记。因此，课后复习时很有必要把课堂笔记进行加工整理，把它提炼成一种适用的复习资料，将它保管好，以备日后随时翻阅。

可以说，记课堂笔记非常重要，记哪些内容——不仅仅是记老师的板书，更重要的是记老师口头讲的东西，可能你还不是非常清楚的东西，它可以是一个例子，能够加深你对原理的认识，也可以是对原理的推论，能够减少你在解题时花费的时间。

那么，究竟如何才能整理好笔记呢？概括来说可以从"补"、

"现在"是刚过去的时间上的一个"点"。

——罗素

“更”、“调”、“添”、“摘”、“略”这几个方面入手。“补”是把在课堂上未能记录的部分补起来；“更”是把错字、错句以及记得不准确的地方更正过来；“调”是把次序颠倒，将逻辑不清的地方调整过来；“添”是把预习、上课、复习、看课外书后悟出的重要体会添进去；“摘”是把文章的背景、论点、结论、资料、佳句等，以及参考书上对课本内容有针对性帮助的材料摘录进去；“略”是把无关紧要的内容省略掉，使笔记有“简明性”。

第七节 利用作业，检验学习效果

许多学生特别害怕老师布置作业，但对于知识的巩固来说，必要的练习、适量的作业是必不可少的。只有通过做作业，课堂上的知识才能得到巩固，所学的新知识才能被消化吸收。

为什么有些看似很听话、很刻苦并且能够按时完成作业的学生却是成绩平平呢？这种情况的原因也许是多方面的，或是学习方法不对，或是被迫学习等等，单就作业这一环节来说，他们可能对待作业缺乏一个好态度。

有的同学只是把作业看成是老师布置的任务，是老师的要求，只要第二天能够交给老师就行了。他们甚至把做作业看成是一件苦差事，完成作业只是完成老师交给的任务，于是他们在做

明天，明天，还有明天，人们都在这样安慰自己，殊不知这个明天，就足以把他们关进坟墓。

——屠格涅夫

作业之前，对要理解掌握的知识没有进行复习，便匆匆忙忙地开始做作业，至于这道题考查哪个知识点，该知识点的具体内容是什么，与例题有什么联系，从中得到什么启示等是一问三不知。作业批改回来后，也根本不去看，对于其中的错误之处置之不理。结果，这次做错的下次依旧错。作业本上做错的，考试中照样错。试想，这样的学习态度，成绩怎么能好呢？

这些同学把精力放在“完成”两个字上，老师布置的作业一定要完成，这点很好。但有没有想过，应付完成与真正完成之间的差别呢？

从心理学上讲，知识的学习要经历三个阶段，即新知识的获得、知识的转化和评价。知识的获得是我们在课堂上通过老师的讲解最初获得新知识的过程；对知识学习的最终评价是通过测验、考试等手段实现的；而做作业正是完成知识转化这一过程。

一名上初二的女同学，从小学习成绩就很好。她曾这样谈到作业这个问题：“没有哪个同学会喜欢老师留作业。可是，我可以让自己在做作业时轻松一点。比如，完成一道数学题，很容易解出来的，我就给自己计时，与以前解过的此类型题对比，目的是为了比较解答的时间。在这个过程中，我发现自己做题的速度一点一点快起来了。而且，每做完一道题时，我都会想，还有没有其他更简单的办法。”这位女孩的学习经验告诉我们，仅仅把

时间不能增添一个人的生命，然而珍惜光阴却可使生命变得更有价值。

——卢瑟·伯班克

作业完成不是目的，还要在做的过程中得到能力的锻炼。

如果你把做作业只是当成应付老师布置任务的一种形式，那么在繁多的作业面前你只能怨声载道。因为你根本不想做它，所以即使抄袭别人的，你也会应付了事。

如果你想通过作业来巩固知识，提高成绩，你就不能将作业看成是一种负担，应正视作业的价值。只有这样，才能做到真正为了学习而做作业，为了提高成绩而做作业。

第八节　同步练习和综合练习

曹诺的练习册有好几本，她除了做老师留的作业外，一有时间就把练习册拿出来做，可以说是时常在“题海”里“周旋”。可是，曹诺的学习成绩却没有跻入令人羡慕的行列。对于曹诺所处的尴尬境地，班里有的同学也表示有同感。

为什么对于有些同学来说，做了这么多题，还是有“高投入低产出”的现象呢？这表明他们还是没有真正把握选题的综合标准。这些同学除了不会选择与课本重点、难点、疑点相关的题目外，更不会按学习阶段选择题型。试想，处在学习初级阶段的你，非要挑选综合性强的练习题来做，又怎么会达到复习的最终目的呢？练习效果就更不用说了。

时间乃是最大的革新家。

——培根

为了获得复习的高效率和深化对知识的理解，应该重视复习中的习题训练。由于划分的标准不同，习题可以有许多分类方法。根据习题涉及的知识范围，我们可以把日常复习中涉及的习题分为两类：同步练习和综合练习。

同步练习是指每节课后所留的习题。这种习题知识面窄，针对性强，难度比较小，往往属于基础题，这些习题是比较容易完成的。初学新课时，用同步练习有利于巩固加深对所学知识的理解。

综合练习指每一章后面的习题，这些习题的知识范围涉及全章的内容，有的还联系到前面的章节，题目具有一定的综合性。这类的练习可以把分节学到的知识有机地贯穿起来，初步形成知识体系。比如，初中数理化每章后面的复习参考题，都属于综合练习。

一般来说，我们在进行完一章的复习以后，使知识初步达到系统化的水平，这时再来做综合练习就会顺手多了。做好综合练习也是对自己复习效果的一种检测方法。

有时我们在市面上买到的各种习题集和复习资料中也有许多练习题，里面既有同步练习题，又包括综合练习题。买到手后，不要一股脑儿地什么都做，应该有选择性地做。首先，我们可以把书本里的习题按等级分好类，按次进行练习。如果第

时间是审查一切罪犯的最老练的法官。

——莎士比亚

一次复习选择简单的基础题都做完，第二次、第三次再做较难、综合性较强的题。这样每次难度逐渐递增，每次都有收获，效果会更好。

题并不是做得越多越好，最重要的是选“好题”，在做题的时候应尽可能地深入了解一道题所要考查的知识，做这道题有什么技巧，进而弄懂一类题，这样做一道题抵得过十道题。千万不能见题就作，不分青红皂白，那样的话往往会浪费了时间，还达不到什么效果。题都是围绕着知识点进行的，而且很多题是很类似的，首先选择想要得到强化的知识点，然后围绕这个知识点来选择题目，题并不需要多，类似的题只要一个就足够，选好题后就可以认真地去做了。相反，如果只是闷着头做题，对于题中所考查的知识、做题技巧等都不做深究，甚至做错了一道题也不进行及时的纠正，不做深入的思考，这样就算是做再多的题也是白忙一场。

第九节　勤于回顾，善于总结

欢欢每天上课之前都非常认真地预习，课上也专心致志地听讲，回家写完作业后马上又投入到新课的预习中。但每次考前复习的时候，她都觉得许多知识好像很生疏，甚至有些内容已经记

与时间抗争者面对的是一个刀枪不入的敌手。

——塞·约翰逊

不清是什么时候学的了。以至于做题的时候总觉得时间很紧张。

晨晨是个头脑灵活、思维敏捷的学生。她平时的单元测验成绩一直不错。可一到期中、期末考试的时候，关于跨章节、跨系统的能力型综合试题总是做不对。但分析试卷之后，她又恍然大悟："噢，原来这个知识点和那部分的内容是有关系的！"

可以说，欢欢和晨晨存在的学习问题在学生当中是比较普遍的。就是缺乏回顾和总结。许多同学认为自己的理解能力、反应能力都不错，平时课上练习做得也可以，往往还要比其他同学做得又快又正确，小测验成绩也可以表现很好，但到了考试的时候却发挥不好。这种往往只是在考前才对所有的学习内容进行复习，一看内容似乎都会，可到考场就感觉不顺手，原因就在于平时不做小复习。

如果对于识记过的知识不定时地回顾，那么一段时间以后，就会出现像欢欢那样的情况，即考前复习时不能回忆起或错误地回忆起学过的内容。所以，我们要做好定期回顾。做好回顾的有效方法就是做好及时复习和周末小结。通过及时复习和周末小结，把当堂课、当周所学的内容进行梳理，弄清彼此间的联系。只有这样才能把知识掌握牢固，而不是那种似有若无的感觉。

相对于欢欢而言，晨晨或许做到了回顾。但她仅仅停留在这个阶段上，而没有及时地把知识结构化、系统化。所以，当她面

如果没有勇气远离海岸线，长时间在海上孤寂地漂流，那么你绝不可发现新大陆。

——纪德

对综合性的考查时就有些吃不消了。而阶段复习就是要在及时复习和周末小结的基础上，更大范围地对知识进行理解和深化，要更清楚地弄懂各部分知识的内在联系。

我们要做好日常的复习工作，就要做到“勤于回顾，善于总结”。在复习中，对自己所学内容的不足和缺陷进行整理和检查。同时，整理归纳好一定阶段的学科知识，把具体、丰富的知识转化为便捷、简单的纲要、图表等等，为以后的考前复习做好准备，这样才能达到日常复习的真正目的和效果。

只要你坚持的时间足够长，在恐惧之中的某一时刻来到之后，恐惧就根本不再是极端的痛苦，而不过是一种十分讨厌、令人恼火的刺激。

——福克纳

第九章　课堂上不可能解决所有问题

课堂只是学习的起点，而非终点。课堂依然不可能教给你全部知识，也不可能教给你所有必需的生存技能。一方面，随着新知识不断更新，课堂教授的知识加速老化；另一方面，课堂教学在极大可能地忽略青少年的个性。因此必须谋求突围，展开个性化学习。课堂之外还有更广阔的学习天地，今后学习的路还很漫长。

第一节　课堂不能教给你全部知识

对于学生来说，课堂是知识和信息的最重要来源之一。即便这样，课堂依然不可能教给你全部知识，也不可能教给你所有必需的生存技能。我们看到，一般的课堂教学，多注重知识继承而忽略知识发现，注重间接经验的获得而忽略直接经验的获得。课堂简单退化为知识批量化传授的平台，以完成国家和学校规定的教学目标为中心，不再关注创造力和发现精神。学生们大部分的时间在看课本，接受和继承前人的成果，获得间接的经验，却很

没有求知欲的学生，就像没有翅膀的鸟儿。

——萨迪

少有时间和大自然亲密接触，不能获得直接的经验。教师们也只是想办法把旧的知识传授给孩子，告诉孩子是什么，而不大关注为什么。

另一方面，随着新知识在不断更新，课堂教授的知识正在加速老化。而由教育系统主导的课堂教学由于其天然的封闭和保守，对这种变化并不能迅速做出回应，及时改观。由此我们要谈到课堂教学的滞后和学校教育的弊端。正是这种滞后和弊端，导致学校和课堂不能给你更多，某种程度上反而限制了你对知识的渴望和追求，毕竟课堂学习占去了你大部分的时间。

学校教育的弊端会给年轻一代带来众多不良影响：一是感觉钝化。教育目标的褊狭、教育内容的繁难、学业竞争的激烈，迫使学生每天想着学习、考试、分数、名次，常常对周围的一切不是无暇他顾就是熟视无睹。这样日积月累，必然会令他们对与学习无关的东西无动于衷，进而造成感觉的麻木与钝化。二是疾病增多。疾病主要是由心理的失衡、锻炼的减少和活动的单调引发的。面对学习与升学的巨大压力，学生往往感到紧张、压抑甚至恐惧，进而引发失眠、头痛、焦虑、抑郁、免疫力下降等功能性、器质性疾病。专家近年来所发现的“感觉综合失调症”、“注意力缺乏综合征”等稀奇古怪的病症，也与学生巨大的学习压力有着直接的关联。三是人格扭曲。

才学如果不用就会永远埋没。沉香要放在火上，麝香要研成细末。

——萨迪

所以，处于课堂围城中的同学们，既要有效利用课堂教学带给我们的资源和好处，也要清楚看到课堂学习的不足和局限，力求突围，以弥补这种课堂教育带给我们的不良反应。

第二节 突破重围，个性化学习

课堂教学和学校教育的另一个天然弊病就是，极大可能地忽略青少年的个性。每个孩子的天分和个性是不同的，但接受的教育却都是一样的。孩子只能被动地接受知识，而不能主动选择学习对象。学校开设的课程是固定的，不论是什么样的学生，都必须接受同样的课程。另一方面，由于学区的划分和优势教育资源配置不均衡，以及一些学校自身软硬件条件的限制，某些学生感兴趣的课程并没有开设，也可能永远不能够开设。而这天然的短项和局限，又决定了这些学校对单一目标的畸形偏好和对学生个性的更大忽视。

这种忽略个性的课堂教学首先表现为，学校工作不是面对全体学生，而是面对少数尖子学生；不是促成学生的全面发展，而是偏重于智育；在智育方面，不是力图促成学生智力的均衡发展，而是偏重于知识的传授；在知识的传授方面，不是传授与生产劳动和社会实践相关的知识，而是偏重于传授那些与高（中）

学习必须与实干相结合。

——泰戈尔

考相关的知识。这样，教育工作的具体目标一偏再偏、一窄再窄，结果造就出了许多死记硬背、高分低能的“考试机器”，培养出了许多学非所用、用非所学的畸形“人才”。

其次，教育内容不同程度地偏、难、窄、怪。当前的不少中小学，仍然把工作的重心紧紧锁定在应付各种考试、竞赛上，搞变相的应试教育，加班加点，培训培优。学生非考不学，教师非考不教，各种机械操练、题海战术层出不穷。其结果是教育内容之偏之难与日俱增，之窄之怪花样翻新，教育工作陷入积重难返的发展怪圈和尴尬境地。

再次，教学形式与方法相对陈旧。教育目标的定位褊狭，教育内容的繁难窄怪，对教学形式与方法有着直接的决定与影响，使之陈旧有余、创新不足。机械训练、死记硬背、师传徒受的接受型学习仍相当严重，而长于思考、善于探究、勤于动手、乐于参与的研究型教学远未确立。学校教育仍缺乏相应的生机和活力，学生的各种能力也未能得到应有的开发。

于是，个性化学习成为当代教育课程改革中十分关注的话题。个性化学习是针对当今我国课堂上强调共性、整齐划一的教育体制而提出来的。这种单一、被动、整齐划一的教育方式，使学生感到枯燥、乏味，千人一面，被动接受，失却了自我，流失了个性。久而久之，学生对学习产生依赖，对学习失去兴趣，学

好学的人必成大器。

——林肯

习成为复制的过程。这种无视学生个性的传统教学方式，泯灭了学生思维的火花，扼杀了学生的创造力，严重阻碍了学生实践能力和创新意识的发展。青少年在学习知识的时候，慢慢成为知识的奴隶，失去了他们天性中最重要的东西——个性创造力。

个性化学习是指学生按照自己的方式主动地建构知识的学习方式。是指中小学生以个性特征为基础，以内心需求为核心，在教师引导帮助下找到自己个性才能发展的独特领域或特点，相对自主地确定学习目标，自主选择适当的学习内容和学习方式。个性化学习注重学生在学习过程中充分发挥自己的个性，学习者可以按照自己的需求来选择学习的内容、方式、进度、时间和地点。

我国新的科学课程标准基本理念第一条指出：“科学课程要面向全体学生。要为每一个学生提供公平的学习科学的机会和有效的指导。同时，它充分考虑到学生在性别、天资、兴趣、生活环境、文化背景、民族、地区等方面存在的差异，在课程、教材、教学、评价等方面鼓励多样性和灵活性。”此外，课程标准还强调“在学习内容、活动组织、作业与练习、评价等方面应该给教师、学生提供选择的机会和创新的空间，使得课程可以在最大限度上满足不同地区、不同经验背景的学生学习科学的需要”。课程标准把尊重、张扬学生的个性差异放在极其重要的位置，个性化学习将成为科学学习的主要方式。

我们知道的东西是有限的，我们不知道的东西则是无穷的。

——拉普拉斯

第三节　课堂之外有更广阔的学习天地

“两耳不闻窗外事，一心只读圣贤书。”这一古人的学习方法并不适用日新月异的现代社会。随着社会的快速发展，学习仅靠课堂是远远不够的。我们要学习古人专心学习的精神，但要改变封闭的学习方法，不仅在课堂内要专心学习，在课堂外同样要坚持继续学习。只有这样才能获得系统的知识，提高各方面的能力。在课外学习过程中，你的个性化学习和自主学习能够得到更好的发挥，并对你的课堂学习带来有益的补充和提升。

课外学习相对于课内学习而言，一为了巩固课堂学习内容，二是为了扩大知识面，培养能力，发展个性。因此，课外学习的有效安排也非常重要。很多同学认为课外只要完成老师布置的作业就可以了。事实上，课外学习主要是自我吸引、自我消化、自我提高的过程。因此，在完成作业之后，可以对课堂笔记进行整理，对新课进行复习，有选择地看一些课外书，电视节目，上网去找一些有用的信息等等，这些都是必要的。

课外学习首先是培养自学能力。自学能力是指独立获取新知识的本领。我们知道，学生掌握知识大致要经历三个阶段：领会、巩固和应用。下课之后，还会有相当多的学生要通过自己的学习来进

如果你知道得比我多，你就教给我；如果你知道得比我少，那就向我学。

——贺拉斯

一步完成“领会”的任务。至于在知识的巩固和应用阶段，尽管学生从老师那里收益不少，但更多的要靠自己摸索着来完成。其次，课外学习为终身学习打下坚实的基础。全日制的学生阶段总会结束，毕业后大家将继续上学深造或者工作就业。不过，不仅上大学深造需要极强的自学能力，就是工作就业了，仍然需要再学习。因此，同样需要极强的自学能力才能满足迅速发展的社会需要。而多读、多听、多看、多思、多练、多活动，则是课外学习的主要方式。

课外阅读不可少

中小学生的求知欲强，对于身边的事物都非常好奇，在平时闲暇之余都会去看一些课外书籍来丰富自己的生活；从另一方面来看，现在的社会竞争无处不在，课余时若能“博览群书”，拓展自己的知识面，增长见识，积累自己的知识“资本”，从而提高自己将来走上社会的竞争力。

学校图书馆和公共图书馆是青少年课外学习的重要场所。它们被看做是学生学习的第二课堂，是“学生的心脏”，可以满足学生获取课外知识的需要，提供健康的文化娱乐。充分认识图书馆的重要性，学会合理利用它，把它与自己的课堂学习和课外学习有机地结合起来，对我们的学习会有很大的帮助的。这是我们应该具备的学习本领，也是应该养成的学习习惯。

如果没有充分领会前面的东西，就决不要动手搞后面的东西。

——巴甫洛夫

在阅读课外读物时，则要根据实际情况来决定，同时必须处理好博览和精读的关系。博览就是“观大略”，在短时间内阅读大量书籍，为精读创造条件。办法有看简介，看目录，看前言，看开头和结尾等等，从而对书有一个大致的了解。在博览的基础上，才可能选出适合自己精读的书。精读课外读物时，也不见得一气呵成，可以围绕课内学习的中心问题，一部分一部分地去学，以推动课内的学习。精读时，要勤思考，善于发现问题，深入钻研，要及时将阅读的体会，以阅读笔记的方式记录下来。由于精读没有离开当时课内学习的中心课题，因此，会大大促进课内学习质量的提高。

网络资源巧利用

因特网代表着全球范围内一组无限增长的信息资源，是人类所拥有的最大的知识库之一。随着因特网规模扩大，网络和主机数量增多，它所提供的信息资源及服务将更加丰富，其价值也将越来越高，充分利用网络资源学习已经成为现代学生不可忽视的重要学习形式。

除了可以用来聊天、玩游戏、听歌看电影外，因特网还有好的利用价值，收发电子邮件、阅览电子图书、进行 BBS 论坛讨论或寻求帮助，通过搜索引擎检索想要的内容、上一些网上学校，

勤勉而顽强地钻研，永远可以使你百尺竿头更进一步。

——舒曼

在线翻译等内容，这些都是对学习和生活有很大帮助。要知道这些用途，首先要具备上网的基础知识。现在这方面的书很多，感兴趣的同学可以参考相关书籍进行学习。但是在上网时也应注意对网上内容筛选与吸收，以此还要加强自律，不可被所谓的“兴趣”、可娱乐性所吸引，否则适得其反，荒废了学业。

英语学习要多听

在中国，很多人学了十几年的英语，到头来还是不能对话，原因是听不懂对方所说的话，有人把这种现象称为哑巴英语。可见，要学会英语，首先要学会听英语。

第一，听现存的东西。现在出版市场繁荣，开发的外语学习软件也越来越人性化。它的复读、跟读、听写、收音和最近加上的带存储的数码录音功能真是太符合中国人学英语的需要了。只要在选好自己要听的内容、要达到的目标，真正地“听懂”几盘磁带、几段电影片段、几段演讲、几段电视新闻、几段生活会话，就能为我们日后真正突破听力打下坚实的基础。

第二，也可以听自己录制的材料，这不仅可以促进自己弄懂所有知识点，然后带着兴趣地反复练习发音，从而解决读的问题，而且还可以在录制材料时有所选择，更因为是自己录制的，重新听自己的声音时，曾经读过的东西如同自己的心声，更加印

看书和学习——是思想的经常营养，是思想的无穷发展。

——冈察洛夫

象深刻，更加容易记住。而每次录音前，为了好的录音效果，可以先弄懂所有的知识点，再反复朗读，反复练习，直到自己满意了才录到磁带或 MP3 上去。

学习小组争第一

组织课外学习小组，在小组学习中，可开展小老师活动，改变在课堂内的学生角色，为其他同学当一回小老师，发挥各自的才能，互学互教，各取所长。也可开展游戏、竞赛活动，在看一看、学一学、玩一玩、赛一赛的过程中，达到预期学习目标。而更多的是开展的讨论活动，在合作交往中使学会为共同目标而互相帮助、互相配合的集体精神，主动思考，集思广益，寻求发现问题、解决问题的方法，使自己的独创性思维得到充分锻炼。另外，还可以自行组织同学走出去，去观察、参观、实践。

在这些活动中，我们能体验学习带来的乐趣，品尝学习成功（也有失败）的滋味。在活动中，我们必然遇到许多没有现成对策的新情景，可以采取以前不曾知晓的方法去试着控制环境，那么我们的创造力得到了锻炼和培养。通过活动让自己有所触，有所得，有所悟。所有这些活动都要倾注理智、情感和思维，使自己从中得到精神的充实和升华。

如果一个人倾其所有金钱以求学问，那么他脑子所藏的东西，是没有人可以拿走的。

——富兰克林

动手能力要提高

“在做中学”项目关注的是学生在生活中感兴趣和需要解决的问题，并将它们作为科学教育内容的重要来源。如：“空气是物质吗”、“水怎样变成冰”、“风从哪里来”、“声音的变化”等。在选择实验材料方面也尽量选取生活中易获得的有教育价值的物品，如：废纸盒、塑料瓶、气球、吹风机、气筒、磁铁、沙子和水等，都是生活中常见的物品。根据活动内容，成立至少两人或三至四人组成小组，自己设计实验步骤、选取实验器具和材料、设计记录表格、动手操作、不断进行调整，并最终完成实验。实验的目的是证实或推翻实验前自己提出的假设。从小长期接受这种训练，将有助于学生动手能力、思维能力、和合作能力的提高。

生活教育重实践

虽然课堂是学习知识、技能的领地。事实上，任何知识来源于实践，来源于生活。因此，在课外，希望同学们能更多地到大自然中去，到博物馆、展览馆中去，到社会生活中去，去观察世界，感悟世界。

学习这件事不在乎有没有人教你，最重要的是在于你自己有没有觉悟和恒心。

——法布尔

这种学习方法也即教育家陶行知所倡导的“生活教育”思想。通过细致的、独特的、敏锐的观察，可以增强自己的感受力、记忆力、想象力并且依靠直觉感受、想象和灵感来发展创造性思维能力，通过观察，可以使我们了解社会、了解生活，培养自己的社会责任感、社交能力、实践能力，培养自己独立的分析思考能力，使自己获得自我满足、自我完善或自我实现。可见，这也是一种人本主义的学习观，只有这样主动参与生活、创造生活，才能感受生命的意义，享受生命的光辉，唤醒对生活的热爱。

第四节 课堂只是学习的起点，而非终点

在学校情境中，学生学习书本知识绝大多数是被动地接受学习，特别是通过语言文字的接受学习，这是学生在教师的指导和传授下获得知识的最经济、最快捷、最有效的学习方式。但是，这种最经济、最快捷、最有效的课堂学习方式，只是我们学习的起点，而非终点。经过多年的学习和浸润，我们知道真正的学习应该有着更丰富的意义和内容。

在当下的课堂学习中，同学们正在逐步获得各个学科最基础的知识储备，并通过老师和同学的帮助在学习过程中掌握基本的

> 读书补天然之不足，经验又补读书之不足。
>
> ——培根

学习方法。这还远远不够，毕竟我们一直以来面对的不过是已有的知识而非未知的领域。我们不过初窥门径，此后是否能够真正进入知识的殿堂，还很难说。另一方面，正所谓“师傅领进门，学问靠自己”，我们今后学习的路还很漫长，正如屈原所感叹的那样，“路漫漫其修远兮，吾将上下而求索”。

著名教育家叶圣陶先生曾说过：“教是为了不用教。”同样道理，学也是为了不需要被教着学——学生学习的目的正是为了要达到自主、自觉、自由、自发的学习境界，即掌握适合自己的学习方法，自主获取知识，寻求发展。

自主学习是新课程倡导的崭新学习方式，是与传统的接受学习相对应的一种现代化学习方式。它以学生作为学习的主体，通过学生独立的分析、探索、实践、质疑、创造等方法来实现学习目标。自主学习强调学生根据自己的实际情况自主决定学习的内容，自主选择学习方法，自主提出问题并自主解决问题。因此现代意义上的学会学习，就意味着更加重视学习的主动性；注重获取知识过程中的探索性；更加注重学习方法获取和学习的能力培养。

而方法是能力的核心因素，是完成学习任务的途径和手段。学习方法的掌握不仅可以和学习知识相提并论，甚至高于学习知识本身。只有让学生掌握了科学的学习方法，并能选择和运用恰

书籍是朋友，虽然没有热情，但是非常忠实。

——雨果

当的方法进行有效的学习，才能保证自主学习的主体地位，保证学生终生受益。

综上所述，在这条学习长路中，从课堂学习开始，良好的学习习惯就是我们的登山杖，而正确的学习方法则是我们的开山斧。让我们重视课堂，由此起飞。

一本新书像一艘船，带领我们从狭隘的地方，驶向无限广阔的生活海洋。

——凯勒

后 记

从课堂对于整个学习的重要性到新课程改革下的课堂学习要求，从课堂上如何听讲、做笔记、适应不同风格的老师到根据特点听好不同类型的课、养成好习惯提升课堂品质、克服课堂困境保证学习效率，我们陪着同学们对课堂学习的各个方面和环节做了一个全景式的梳理和点对点式的分析。至此，这项艰难而富有意义的工作终于要告一段落了。挑战和希望，困难与激情，压力和梦想，辛苦与乐趣……种种复杂的感受相互交织，彼此融合，成为流淌在笔者内心深处的一股陈酿，酸甜苦辣，五味俱全。

课堂学习无疑是同学们学习活动中的中心环节，同时也是关键环节。关于课堂学习的方法和相关探讨有过很多精彩论著，笔者所写只能算是一斑之见，限于学识和见闻，遗珠之憾在所难免。然而，在笔者视野和能力所及的范围内进行尽可能深入和全位面的探讨，力求给广大的同学朋友们提供一种方法操作上的指导，这也许就是本书唯一能令笔者感到欣慰的地方吧。由于时间仓促，加之笔者自身经验和能力有限，错误之处定难避免，希望细心的读者和方家不吝指正，笔者在此先行谢过。

编 者

2009 年 10 月 30 日